스페인어 첫걸음

스페인어 첫걸음

우연창

HUiNE

Preface

¡Los invito al mundo del español!

여러분을 스페인어 세계로 초대합니다. 스페인어는 스페인과 중남미의 22개국에서 사용되고 있으며, 이외의 여러 국가에서도 많이 사용되고 있습니다. 국제연합의 6개 공용어의 하나로 지정되어 있고, 미국에서도 가장 선호되는 외국어이며, 미국 시민 모두에게 필수적인 외국어로 인식되어 있습니다. 사용 인구나 사용 국가를 볼 때, 스페인어는 영어와 함께 가장 중요한 언어입니다.

¡Bienvenidos al mundo del español!

스페인어 세계에 오신 것을 환영합니다. 『스페인어 첫걸음』은 ABC부터 일상회화까지 가장 쉽게 안내하는 스페인어 입문서입니다. 완전 초보자를 대상으로, 가장 기초적인 내용을 가장 쉽고 친절하게 설명한 교재입니다.

- 발음도표와 발음표기에서 완벽한 발음을 제시하였습니다.
- 꼭 필요한 핵심문법만을 간단명료하게 구성하였습니다.
- 텍스트를 스페인어-한국어-영어로 구성하였습니다.
- 일상생활의 기초적인 표현을 중심으로 구성하였습니다.
- 스페인 세계의 문화와 풍습을 소개하였습니다.

2010년 개정된 스페인어 새 철자법을 적용

2010년 12월 새로 개정된 철자법에 의하면, 알파벳에서는 ch와 ll가 제외되어 27개로 구성되고 일부 자모의 명칭이 변경되었습니다. 그리고 지시대명사 éste, ésta, ése, ésa, aquél, aquélla 등에서 강세부호를 삭제하여 este, esta, ese, esa, aquel, aquella와 같이 지시형용사와 그 형태가 같아졌습니다. 그 외에 여러 가지 변경된 것들이 있습니다. 당분간 이전 철자법과 혼용되겠지만, 개정된 스페인어 철자법에 익숙해지도록 노력해야 하겠습니다.

스페인어를 배우는 초보자를 위하여

외국어를 처음 공부하는 초보자는 '기초적인 내용을 중심으로 전반적으로 쉽게' 공부해야 합니다. 처음부터 복잡한 내용을 접하면 포기하는 경우가 많습니다. 이 책으로 ABC부터 일상 표현까지 쉽고 재미있게 학습하시기 바랍니다. 머지않아 스페인어권 세계에서 스페인어를 만끽할 수 있을 겁니다. 이 책이 여러분의 스페인어 학습에 친절한 동반자가 되기를 기대합니다.

¡¡ ÁNIMO !!

2011년 8월
유연창

Contents

Contents

Lección 1 알파벳과 발음

1 알파벳

대문자	소문자	명칭	발음	대문자	소문자	명칭	발음
A	a	a [아]	아	Ñ	ñ	eñe [에녜]	니
B	b	be [베]	ㅂ	O	o	o [오]	오
C	c	ce [쎄]	ㄲ/ㅆ	P	p	pe [뻬]	ㅃ
D	d	de [데]	ㄷ	Q	q	cu [꾸]	ㄲ
E	e	e [에]	에	R	r	ere [에레]	ㄹ/ㄹㄹ
F	f	efe [에페]	[f]	S	s	ese [엣세]	ㅅ
G	g	ge [헤]	ㄱ/ㅎ	T	t	te [떼]	ㄸ
H	h	hache [아체]	묵음	U	u	u [우]	우
I	i	i [이]	이	V	v	uve [우베]	ㅂ
J	j	jota [호따]	ㅎ	W	w	uve doble [우베 도블레]	ㅂ/우
K	k	ka [까]	ㄲ	X	x	equis [에끼스]	ㄱㅅ/ㅅ
L	l	ele [엘레]	ㄹ	Y	y	ye [예]	이
M	m	eme [에메]	ㅁ	Z	z	zeta [쎄따]	ㅆ
N	n	ene [에네]	ㄴ				

2 모음의 발음

스페인어의 모음은 5개이며, **a**, **e**, **o**는 강모음이고 **i**, **u**는 약모음이다.

a [아]	casa [까사] 집	agua [아구아] 물
e [에]	mesa [메사] 테이블	coche [꼬체] 자동차
i [이]	vino [비노] 포도주	libro [리브로] 책
o [오]	boca [보까] 입	ojo [오호] 눈
u [우]	luna [루나] 달	mundo [문도] 세계

스페인어에는 '강모음+약모음', '약모음+강모음', '약모음+약모음' 등으로 구성된 "이중모음"이 있는데, 이중모음은 하나의 모음으로 간주된다. '강모음+강모음'은 이중모음이 아니고 두 개의 모음으로 간주된다. 어느 경우에나 모음 그대로 발음하면 된다.

3 자음의 발음

01 | b는 우리말의 [ㅂ] 음과 같다.

boda [**보**다] 결혼식　　libro [**리**브로] 책

02 | c는 두 가지로 발음된다. c 뒤에 모음 a, o, u가 오면 'ㄲ'음이 되며, c 뒤에 모음 e, i가 오면 혀를 위아래의 이 사이로 내밀면서 발음하는 치간음으로 영어의 [θ]와 같은 발음이 된다.

cara [**까**라] 얼굴　　cena [**쎄**나] 저녁식사
Corea [꼬**레**아] 한국　　cine [**씨**네] 영화관
Cuba [**꾸**바] 쿠바

que, qui의 u는 발음되지 않고 각각 [께], [끼]로 발음한다. acción, dirección 등과 같은 단어에서 c가 중복되어 있는 경우에는 앞의 c는 [g] 혹은 [k], 뒤의 c는 [θ]로 발음된다.

lección [렉씨**온**] 과　　　acción [악씨**온**] 행동

c가 자음 앞에 오거나 단어의 끝에 오게 되면 [g]나 [k]로 발음된다.

actor [악**또**르] 배우　　　acto [**악**또] 행위

c와 h가 연결된 ch는 [ㅊ]으로 발음된다.

China [**치**나] 중국　　　coche [**꼬**체] 자동차

03 | d는 우리말의 [ㄷ]이며, 단어의 끝에 올 때는 앞 음절에 붙여 발음한다.

domingo [도**밍**고] 일요일　　　ciudad [씨우**닷**] 도시

04 | f는 영어의 [f]와 같은 발음이다.

flor [플**로**르] 꽃　　　fiesta [피**에**스따] 축제

05 | g는 모음 a, o, u 앞에서는 [ㄱ]으로 발음되고, 모음 e, i 앞에서는 강한 [ㅎ]으로 발음된다.

gato [**가**또] 고양이　　　gente [**헨**떼] 사람들

goma [**고**마] 고무　　　gitano [히**따**노] 집시

agua [**아**구아] 물

gue, gui의 u는 발음되지 않고 각각 [게], [기]로 발음한다.

guerra [**게**ㄹ라] 전쟁　　　guitarra [기**따**ㄹ라] 기타

06 | h는 어떤 경우에도 발음되지 않는다.

hora [**오**라] 시간　　　hotel [오**뗄**] 호텔

07 | j는 [ㅎ]에 가까운 발음이지만, 목구멍 깊은 곳에서 나오는 강한 발음으로, 앞에서 본 gente, gitano의 [g]와 같은 발음이다.

Japón [하**뽄**] 일본　　　joya [**호**야] 보석

08 | k는 [ㄲ]에 해당하며 외래어를 표기하는 데 사용된다.

kiwi [끼위] 키위　　　　kilómetro [낄**로**메뜨로] 킬로미터

09 | l는 [ㄹ]에 해당하고 혀를 입천장 끝에 붙였다가 떼면서 발음한다.

luna [**루**나] 달　　　　ángel [**앙**헬] 천사

l이 반복된 ll의 표준 발음은 calle [깔예]와 비슷한 발음이지만, 대개 [까예] 처럼 [y]로 발음한다.

calle [**까**예] 거리　　　　llave [**야**베] 열쇠

10 | m는 [ㅁ]에 해당한다.

mano [**마**노] 손　　　　moneda [모**네**다] 동전

11 | n는 [ㄴ]에 해당한다.

noche [**노**체] 밤　　　　verano [베**라**노] 여름

12 | ñ는 우리말의 [니]에 해당한다.

España [에스**빠**냐] 스페인　　　　año [**아**뇨] 년, 해

13 | p는 [ㅃ]에 해당한다. 자음 앞에 오는 경우에는 받침으로 발음된다.

padre [**빠**드레] 아버지　　　　apto [**압**또] 적합한

14 | q는 반드시 u와 함께 쓰여 que[께], qui[끼]로 발음된다.

queso [**께**소] 치즈　　　　máquina [**마**끼나] 기계

15 | r는 두 가지로 발음된다. 첫째, 우리말의 [ㄹ]과 같이 발음된다.

arena [아**레**나] 모래　　　　hora [**오**라] 시간

둘째, r가 단어의 첫 음이 되는 경우와 단어 중간에 rr가 오는 경우에는 혀끝을 진동하면서 내는 진동음이 된다.

ropa [ㄹ**로**빠] 옷 tierra [띠**에**ㄹ라] 지구

16 | s는 [ㅅ]이나 [ㅆ]으로 발음한다.

sol [쏠] 태양 semana [세**마**나] 주

17 | t는 [ㄸ]에 해당한다.

tomate [또**마**떼] 토마토 otoño [오**또**뇨] 가을

18 | v는 b와 같은 음으로 우리말의 [ㅂ]에 해당한다.

ave [**아**베] 새 vaca [**바**까] 암소

19 | w는 스페인어에 없는 문자이며 외래어 표기에 사용된다.

Washington [**와**싱똔] 워싱턴 whisky [**위**스끼] 위스키

20 | x는 taxi, examen 등과 같이 모음 앞에서는 [ks]로 발음된다.

examen [엑**사**멘] 시험 taxi [**딱**시] 택시

자음 앞에서는 [s]나 [ks]로 발음된다. 그리고 x가 단어의 끝에 오는 경우에는 [ks]로 발음된다.

éxtasis [**엑**스따시스] 황홀경 texto [**떽**스또] 텍스트

단어의 맨 앞에 위치할 경우에는 [ㅅ]로 발음된다.

xilófono [실**로**포노] 실로폰 xenofobia [세노**포**비아] 외국인 배척

21 | y는 우리말의 [이]에 해당되는 발음이다.

ayer [아**예**르] 어제 mayo [**마**요] 5월

22 | z는 영어의 [θ]와 같은 발음이다. 남미에서는 [s]로 발음하기도 한다.

plaza [쁠**라**싸] 광장　　zumo [**쑤**모] 주스

4 악센트

같은 단어라도 악센트의 위치에 따라 전혀 다른 뜻이 되거나 혹은 그 단어의 의미를 이해할 수 없기 때문에, 악센트의 위치를 정확하게 "높고 강하게" 발음해야 한다. 이중모음에 있어서, [강모음+약모음], [약모음+강모음]의 경우에는 강모음에 악센트가 위치하고, [약모음+약모음]의 경우에는 뒤에 있는 약모음에 악센트가 위치한다. 악센트의 위치는 세 가지 규칙에 의해 정해진다.

01 | 모음 또는 n, s로 끝나는 단어는 뒤에서 두 번째 모음에 악센트가 있다.

casa [**까**사] 집　　tabaco [따**바**꼬] 담배
mesa [**메**사] 탁자　　coche [**꼬**체] 자동차
imagen [이**마**헨] 형상　　lunes [**루**네스] 월요일

02 | n, s 이외의 자음으로 끝나는 단어는 맨 뒤의 모음에 악센트가 있다.

hospital [오스삐**딸**] 병원　　arroz [아ㄹ**로**스] 쌀
ciudad [씨우**닷**] 도시　　azul [아**쑬**] 푸른

03 | 악센트 부호(´)가 표기된 곳에 악센트가 있다.

canción [깐씨**온**] 노래　　música [**무**시까] 음악
café [까**페**] 커피　　árbol [**아**르볼] 나무

스페인어 발음 도표

자음 \ 모음	a	e	i	o	u
b	ba [바]	be [베]	bi [비]	bo [보]	bu [부]
c	ca [까]	ce [쎄]	ci [씨]	co [꼬]	cu [꾸]
ch	cha [차]	che [체]	chi [치]	cho [초]	chu [추]
d	da [다]	de [데]	di [디]	do [도]	du [두]
f	fa [파]	fe [페]	fi [피]	fo [포]	fu [푸]
g	ga [가]	ge [헤]	gi [히]	go [고]	gu [구]
		gue [게]	gui [기]		
h	ha [아]	he [에]	hi [이]	ho [오]	hu [우]
j	ja [하]	je [헤]	ji [히]	jo [호]	ju [후]
k	ka [까]	ke [께]	ki [끼]	ko [꼬]	ku [꾸]
l	la [라]	le [레]	li [리]	lo [로]	lu [루]
ll	lla [야]	lle [예]	lli [이]	llo [요]	llu [유]
m	ma [마]	me [메]	mi [미]	mo [모]	mu [무]
n	na [나]	ne [네]	ni [니]	no [노]	nu [누]
ñ	ña [냐]	ñe [녜]	ñi [니]	ño [뇨]	ñu [뉴]
p	pa [빠]	pe [뻬]	pi [삐]	po [뽀]	pu [뿌]
q		que [께]	qui [끼]		
r	-ra- [라]	-re- [레]	-ri- [리]	-ro- [로]	-ru- [루]
	ra- [ㄹ라]	re- [ㄹ레]	ri- [ㄹ리]	ro- [ㄹ로]	ru- [ㄹ루]
	-rra- [ㄹ라]	-rre- [ㄹ레]	-rri- [ㄹ리]	-rro- [ㄹ로]	-rru- [ㄹ루]
s	sa [사]	se [세]	si [시]	so [소]	su [수]
t	ta [따]	te [떼]	ti [띠]	to [또]	tu [뚜]
v	va [바]	ve [베]	vi [비]	vo [보]	vu [부]
w	wa [와]	we [웨]	wi [위]	wo [워]	wu [우]
x	exa [엑사]	exe [엑세]	exi [엑시]	exo [엑소]	exu [엑수]
y	ya [야]	ye [예]	yi [이]	yo [요]	yu [유]
z	za [싸]	ze [쎄]	zi [씨]	zo [쏘]	zu [쑤]

유럽의 동양 스페인

나폴레옹이 "피레네 산맥의 남쪽은 아프리카"라고 말했다. 이것은 스페인과 포르투갈이 위치한 이베리아반도의 자연 조건이나 생활 방식이 유럽과 많이 다르다는 것을 의미하고, 또한 이베리아 반도를 미개한 지역인 아프리카에 비유하면서 무시하는 의미도 있다. 즉 스페인은 유럽의 다른 국가들과 많은 차이점을 보여준다.

스페인 국토는 피레네 북쪽의 다른 나라와는 달리 바위투성이의 많은 산과 잡목으로 덮인 황량한 불모지가 많고, 또 스페인은 유럽의 가장 서쪽에 위치하고 있지만, 여러 면에서 유럽적이지 않고 동양적인 면을 많이 내포하고 있다.

스페인의 문화가 유럽의 문화와 다른 점은 역사적 변천과정에서 확인된다. 711년 아랍인들이 지브롤터 해협을 건너 이베리아 반도를 침략하였다. 이 아랍인들은 1492년까지 780년 동안 스페인을 지배했다. 780년 동안 아랍의 문화는 언어, 건축, 문학, 인종 등과 같은 여러 면에 스며들게 되어, 오늘날 스페인이 유럽과는 다른 스페인 특유의 문화가 형성되었다고 볼 수 있다.

Track 02

Lección 2

¡Buenos días!
부에노스 디아스

José: ¡Hola! ¡Buenos días!
올라 부에노스 디아스

María: ¡Hola! ¡Buenos días!
올라 부에노스 디아스

José: Yo soy José. ¿Y usted?
요 쏘이 호세 이 우스뗏

María: ¡Ah, es usted José! Soy María.
아 에스 우스뗏 호세 쏘이 마리아

José: ¿Es usted estudiante?
에스 우스뗏 에스뚜디안떼

María: Sí, soy estudiante. ¿Y usted?
씨 쏘이 에스뚜디안떼 이 우스뗏

José: No soy estudiante. Soy profesor.
노 쏘이 에스뚜디안떼 쏘이 쁘로페소르

María: Mucho gusto.
무초 구스또

José: Encantado.
엔깐따도

안녕하세요!

호세: 안녕하세요!
마리아: 안녕하세요!
호세: 저는 호세입니다. 당신은?
마리아: 아, 당신이 호세이군요! 저는 마리아입니다.
호세: 당신은 학생인가요?
마리아: 네, 저는 학생입니다. 그런데 당신은요?
호세: 저는 학생이 아닙니다. 저는 선생님입니다.
마리아: 만나서 반갑습니다.
호세: 만나서 반갑습니다.

Good morning!

Jose: Hi, good morning!
Maria: Hi, good morning!
Jose: I am Jose. And you?
Maria: Ah, you're Jose! I'm Maria.
Jose: Are you a student?
Maria: Yes, I'm a student. And you?
Jose: I'm not a student. I'm a teacher.
Maria: Nice to meet you.
Jose: Pleased to meet you.

어휘와 표현

- ¡Buenos días! 안녕하세요! (오전인사)
- José 호세 (남자이름)
- María 마리아 (여자이름)
- ¡Hola! 안녕!
- yo 나
- soy (나는) …이다 (ser)
- y 그리고
- es (당신은) …이다 (ser)
- estudiante 학생
- sí 네, 그렇다
- no 아니다
- profesor 선생님, 교수
- Mucho gusto. 만나서 반갑습니다.
- Encantado. 만나서 반갑습니다.

¿¡거꾸로 된 스페인어 표기법!?

스페인어에서는 의문부호와 감탄부호의 사용이 다르다. 의문문과 감탄문의 경우에, 문장 앞에 거꾸로 된 부호 "¿"와 "¡"를 표기하고 문장이 끝나면 "?"와 "!"를 표기한다.

¿Eres estudiante? 너는 학생이니?
¡Qué guapa! 참 예쁘구나!

또한 소수점과 콤마가 우리말과는 정반대로 사용된다.

우리말	스페인어
3,500	3.500
0.7	0,7

Gramática 문법

1 주격인칭대명사

	단수		복수	
1인칭	yo	나는	nosotros [남] nosotras [여]	우리들은 우리들은
2인칭	tú	너는	vosotros [남] vosotras [여]	너희들은 너희들은
3인칭	él ella usted	그는 그녀는 당신은	ellos ellas ustedes	그들은 그녀들은 당신들은

2인칭의 tú와 vosotros(as)는 가족, 친구, 아이들 등의 구성원을 가리키는 데 사용된다. usted과 ustedes는 2인칭을 가리키는 존칭으로 정중한 표현에 사용된다. usted은 의미는 2인칭이지만 동사형태는 3인칭이다.

2 동사 ser

단수	1인칭	(yo) **soy**	나는 …이다
	2인칭	(tú) **eres**	너는 …이다
	3인칭	(él, ella, usted) **es**	그는(그녀는, 당신은) …이다
복수	1인칭	(nosotros) **somos**	우리는 …이다
	2인칭	(vosotros) **sois**	너희들은 …이다
	3인칭	(ellos, ellas, ustedes) **son**	그들은(그녀들은, 당신들은) …이다

01 | usted과 ustedes를 제외한 모든 주격인칭대명사는 문장에서 생략하는 경우가 많다. 강조의 경우나 명확한 표현의 경우에만 사용하고 그 외의 경우에는 주로 생략한다.

ex
Soy estudiante.	나는 학생입니다.
Usted es profesor.	당신은 선생님입니다.

02 | usted, ustedes는 의미적으로는 tú와 같은 2인칭이지만, 동사 형태는 3인칭이다.

ex
Eres profesor.	너는 선생님이다.
Usted es profesor.	당신은 선생님입니다.

3 의문문 / 부정문

01 | 의문문: [동사+주어]

의문문의 어순은 [동사+주어]인데, 반드시 그럴 필요는 없다. 즉 평서문을 그대로 올려 말하거나, 앞뒤에 의문부호를 붙이면 된다.

ex
¿Eres tú estudiante?	너는 학생이니?
¿Tú eres estudiante?	너는 학생이니?
¿Eres estudiante?	너는 학생이니? [주어 생략]

02 | 부정문: [주어+no+동사]

부정문은 주어와 동사 사이에 no를 붙이면 된다.

ex
No soy estudiante.	저는 학생이 아닙니다.
Ella no es estudiante.	그녀는 학생이 아닙니다.

tú · usted

tú는 일반 대화에서 사용되고, usted은 그 외 공식적인 상황에서, 그리고 회사나 기관의 상관 등에게 사용된다고 보면 무난하다. 그러나 스페인 사람들은 대부분의 경우에 tú를 사용한다. 이미 잘 알고 있는 이웃주민이나 학교 선배 등에게 usted을 사용하는 것은 친하지 않거나 경계한다는 표현으로 인식될 수 있다. 스페인 사람들은 처음 보는 사람에게도 서로 tú를 사용하며 친숙한 기분을 표현한다.

바르셀로나의 상징 성가족교회 (Templo de la Sagrada Familia)

Ejercicios 연습문제

01 다음 문장의 빈칸에 동사 ser의 적합한 형태를 넣으시오.

(1) Tú __________ estudiante. (너는 학생이다.)
(2) María __________ estudiante. (마리아는 학생이다.)
(3) Nosotros __________ estudiantes. (우리는 학생이다.)
(4) Usted __________ estudiante. (당신은 학생입니다.)

02 다음 각 질문에 no로 대답해 보시오.

(1) ¿Eres estudiante? (너는 학생이니?)
(2) ¿Ella es María? (그녀는 마리아야?)
(3) ¿Sois estudiantes? (너희들은 학생이니?)
(4) ¿Es usted profesor? (당신은 선생님입니까?)

03 다음 문장을 스페인어로 옮기시오.

(1) 나는 호세입니다.
(2) 그는 선생님입니다.
(3) 그는 루이스입니다.
(4) 그녀는 엘레나입니다.

정답

01 (1) eres (2) es (3) somos (4) es
02 (1) No, no soy estudiante. (2) No, no es María.
(3) No, no somos estudiantes. (4) No, no soy profesor.
03 (1) Soy José. (2) Él es profesor. (3) Él es Luis. (4) Ella es Elena.

인사와 감사의 표현

* 만날 때 인사

Hola. [올라] 안녕. (hi, hello)

Buenos días. [부에노스 디아스] 안녕하세요. (Good morning.)

Buenas tardes. [부에나스 따르데스] 안녕하세요. (Good afternoon.)

Buenas noches. [부에나스 노체스] 안녕하세요. (Good night.)

* 작별 인사

Adiós. [아디오스] 안녕히 가세요(계세요). (Good bye.)

Hasta luego. [아스딸 루에고] 또 만나요. (See you later.)

Hasta mañana. [아스따 마냐나] 내일 만나요. (See you tomorrow.)

* 처음 만날 때 하는 인사

Mucho gusto. [무초 구스또] 만나서 반갑습니다. (Nice to meet you.)

Encantado. [엔깐따도] 만나서 반갑습니다. (남자가 말할 때)

Encantada. [엔깐따다] 만나서 반갑습니다. (여자가 말할 때)

* 감사와 부탁

Gracias. [그라씨아스] 감사합니다. (Thank you.)

No, gracias. [노 그라씨아스] 아닙니다. 감사합니다. (No, thank you.)

Por favor. [뽀르 파보르] 부탁합니다. (Please.)

Track 03

Lección 3

¿Qué es esto?
께 에스 에스또

José: ¿Qué es esto?
께 에스 에스또

María: Es una mesa.
에스 우나 메사

José: ¿Qué es aquello?
께 에스 아께요

María: Es un gato.
에스 운 가또

José: ¿Es aquello una mesa?
에스 아께요 우나 메사

María: Sí, es una mesa.
씨 에스 우나 메사

José: ¿Quién es él?
끼엔 에스 엘

María: Él es Alfonso.
엘 에스 알폰소

José: ¿Quién es ella?
끼엔 에스 에야

María: Es Julia.
에스 훌리아

이것은 무엇입니까?

호세: 이것은 무엇입니까?
마리아: 테이블입니다.
호세: 저것은 무엇입니까?
마리아: 고양이입니다.
호세: 저것은 테이블입니까?
마리아: 네, 테이블입니다.
호세: 그는 누구입니까?
마리아: 그는 알폰소입니다.
호세: 그녀는 누구입니까?
마리아: 훌리아입니다.

What is this?

Jose: What is this?
Maria: This is a table.
Jose: What is that?
Maria: That is a cat.
Jose: Is that a table?
Maria: Yes, it is a table.
Jose: Who is he?
Maria: He is Alfonso.
Jose: Who is she?
Maria: She is Julia

어휘와 표현

- ¿qué? 무엇?
- esto 이것
- una [부정관사] 하나의
- mesa [여] 테이블, 탁자, 식탁
- aquello 저것
- un [부정관사] 하나의
- gato [남] 고양이
- ¿quién? 누구?
- Alfonso 알폰소 (남자 이름)
- Julia 훌리아 (여자 이름)

우리가 이미 알고 있는 스페인어

우리나라 사람 대부분이 "Bésame mucho"[베싸메 무초]라는 노래를 알고 있다. 그러나 이 노래가 스페인어로 된 스페인 노래라는 것을 아는 사람은 많지 않다. 이것뿐만 아니라 "¿Qué será, será?", "Quién será", "Quizás, quizás, quizás" 등도 스페인어로 된 노래이다. 이외에도 우리나라 자동차 모델 명칭 Cielo[씨엘로], Espero[에스뻬로], Tiburón[띠부론] 등도 스페인어이다.

Gramática 문법

1 남성명사 / 여성명사

스페인어의 모든 명사는 남성명사와 여성명사로 구분된다. 사람이나 동물을 가리키는 명사는 성별에 따라 남성·여성명사가 된다. 즉 아버지는 남성명사, 어머니는 여성명사가 된다. 그러나 사물이나 개념을 가리키는 명사는 자연적 성이 없고 관용에 따른 성이 있다. 보통 어미가 -o인 명사는 주로 남성명사이고, 어미가 -a, -ión, -dad, -z인 명사는 주로 여성명사이다.

남성명사		여성명사	
아들	hijo	hija	딸
소년	chico	chica	소녀
할아버지	abuelo	abuela	할머니
선생님[남]	profesor	profesora	선생님[여]
스페인 남자	español	española	스페인 여자
아버지	padre	madre	어머니
남자	hombre	mujer	여자
예술가[남]	artista	artista	예술가[여]
책	libro	casa	집
은행	banco	nación	국가
세계	mundo	ciudad	도시

2 단수 / 복수

단수와 복수의 구별이 분명하다. 모음으로 끝나는 명사는 -s를 붙이고, 자음으로 끝나는 명사는 -es를 붙여서 복수형을 만든다.

단 수		복 수	
책	libro	libros	책들
집	casa	casas	집들
꽃	flor	flores	꽃들
도시	ciudad	ciudades	도시들
역	estación	estaciones	역들

3 정관사 / 부정관사

01 | 정관사 (그 …)

	단수	복수
남성	**el** chico 그 소년	**los** chicos 그 소년들
여성	**la** chica 그 소녀	**las** chicas 그 소녀들

02 | 부정관사 (어떤 …, 하나의 …)

	단수	복수
남성	**un** chico 한 소년	**unos** chicos 몇몇 소년들
여성	**una** chica 한 소녀	**unas** chicas 몇몇 소녀들

4 ¿Qué? (무엇?) / ¿Quién? (누구?)

01 | ¿Qué es esto? 이것은 무엇입니까? (What is this?)

esto(이것), eso(그것), aquello(저것)은 중성지시대명사이다. ¿qué?는 '무엇?'을 의미하는 의문사로, 영어의 what?에 해당한다. 이와 같은 의문사를 사용한 의문문은 [의문사+동사+주어]의 어순이 된다.

ex
¿Qué es esto? 이것은 무엇입니까?
¿Qué es eso? 그것은 무엇입니까?

02 | ¿Quién es él? 그는 누구입니까? (Who is he?)

¿quién?(누구?), ¿quiénes?(누구들?)는 의문대명사로 영어의 who?에 해당하며, ¿qué?와 마찬가지로 [의문사+동사+주어]의 어순이 된다.

ex
¿Quién es usted? -Soy José.
당신은 누구십니까? 나는 호세입니다.
¿Quiénes son ellos? -Son estudiantes.
그들은 누구입니까? 학생들입니다.

Ejercicios 연습문제

01 다음의 명사의 복수형을 만드시오.

(1) mesa　　(2) niño

(3) ciudad　　(4) flor

02 다음의 명사 앞에 정관사를 넣으시오.

(1) ______ profesor　　(2) ______ mesa

(3) ______ ciudad　　(4) ______ casas

03 다음의 명사 앞에 부정관사를 넣으시오.

(1) ______ libro　　(2) ______ casa

(3) ______ mesa　　(4) ______ coches

04 다음의 질문에 sí와 no로 답하시오.

(1) ¿Eres María?

(2) ¿Sois estudiantes?

(3) ¿Es aquello un gato?

정답

01 (1) mesas　(2) niños　(3) ciudades　(4) flores

02 (1) el　(2) la　(3) la　(4) las

03 (1) un　(2) una　(3) una　(4) unos

04 (1) Sí, soy María. / No, no soy María.

(2) Sí, somos estudiantes. / No, no somos estudiantes.

(3) Sí, es un gato. / No, no es un gato.

술 · 와인의 본고장 스페인

스페인 사람들은 술을 매우 좋아한다. 그러나 술 취한 스페인 사람을 보기는 쉽지 않다. 스페인에서는 그 지역의 와인, 증류수, 브랜디 등의 가격이 비교적 싼 편이다.

스페인은 프랑스, 이탈리아와 함께 세계 3대 와인 생산국이다. 프랑스와 이탈리아에 비하여 인지도가 낮은 것은 생산된 와인을 모두 국내에서 소비하고 수출하지 못하기 때문이다. 스페인에서는 와인을 비노(vino)라고 한다. 적포도주는 띤또(tinto, 빨간색), 백포도주는 블랑꼬(blanco, 하얀색), 로즈와인은 로사도(rosado, 분홍색)라고 한다. 리오하의 적포도주, 갈리시아의 백포도주, 나바라의 로즈와인이 유명하다. 와인 병에는 보통 유럽 나라처럼 몇 년 산인지를 표시하는 라벨이 붙어 있다. 스페인 최대 와인 생산지인 라만차 지방의 발데뻬냐스(Valdepeñas)에서 다양한 와인이 생산된다. 반면 최고급 레드 와인은 리오하(Rioja)에서 생산되는데, 그곳 와인은 오크 통 속에서 8년 가까이 숙성되었기 때문에 감칠맛 나는 오크 향이 배어 나온다. 포도주는 종류와 등급에 따라 가격이 천차만별이다. 고급 레스토랑이 아니라면 하우스 와인(vino de la casa)으로 와인의 맛을 충분히 즐길 수 있다.

스페인 사람과 외국인 모두에게 항상 인기를 끄는 술은 스페인어로 헤레스(Jerez)라고 하는 식사 전에 먹는 셰리주이다. 또 다른 식전주로는 만사니야(manzanilla)가 있는데, 바다의 향취를 첨가한 와인이다.

사과주는 시드라(sidra), 적포도주에 과일과 레모네이드를 섞은 유명한 칵테일 상그리아(sangría)가 있다. 맥주는 쎄르베싸(cerveza), 생맥주는 쎄르베싸 데 바릴(cerveza de barril)이라고 한다.

Track 04

Lección 4

¿Quién es este señor?
끼엔 에스 에스떼 세뇨르

José: ¿Quién es este señor?
끼엔 에스 에스떼 세뇨르

María: Es Felipe.
에스 펠리뻬

José: ¿Quién es aquel señor alto?
끼엔 에스 아껠 세뇨르 알또

María: Es profesor de español.
에스 쁘로페소르 데 에스빠뇰

José: ¿Es español?
에스 에스빠뇰

María: Sí, es español.
씨 에스 에스빠뇰

José: ¿Quién es esa señorita guapa?
끼엔 에스 엣사 세뇨리따 구아빠

María: Es profesora de inglés.
에스 쁘로페소라 데 잉글레스

José: ¿Ella es española?
에야 에스 에스빠뇰라

María: No, es mexicana.
노 에스 메히까나

제 4 과

이 신사는 누구입니까?

호세: 이 신사는 누구입니까?
마리아: 펠리뻬입니다.
호세: 키가 큰 저 신사는 누구입니까?
마리아: 스페인어 선생님입니다.
호세: 스페인 사람입니까?
마리아: 네, 스페인 사람입니다.
호세: 매우 예쁜 그 아가씨는 누구입니까?
마리아: 영어 선생님입니다.
호세: 스페인 사람입니까?
마리아: 아니오, 그녀는 멕시코 사람입니다.

Who is this gentleman?

Jose: Who is this gentleman?
Maria: He is Felipe.
Jose: Who is that tall gentleman?
Maria: He is a Spanish teacher.
Jose: Is he Spanish?
Maria: Yes, he is.
Jose: Who is that pretty young lady?
Maria: She is an English teacher.
Jose: Is she from Spain?
Maria: No, she is Mexican.

어휘와 표현

- este [지시형용사] 이…, [지시대명사] 이것
- señor [남] 분, 신사
- aquel [지시형용사] 저…, [지시대명사] 저것
- alto,-ta 키 큰, 높은
- profesor [남] 선생님
- de [전치사] …의
- español [남] 스페인어
- profesor de español 스페인어 선생님
- español [남] 스페인 사람
- esa [지시형용사] 그…, [지시대명사] 그것
- señorita [여] 아가씨, …양
- guapo,-pa 잘 생긴, 예쁜
- profesora [여] 선생님
- inglés [남] 영어
- española [여] 스페인 사람
- mexicana [여] 멕시코 사람

존칭 : señor / señora / señorita

존칭 señor (Mr./sir), señora (Mrs./madam), señorita (Miss) 등은 이름을 모르는 경우에 사용한다. 또는 성 앞에 붙여 사용하기도 한다. 호격의 경우를 제외하고는, 이러한 호칭 앞에 정관사가 온다. 각각 Sr., Sra., Srta. 등의 약자로 사용되기도 한다.

- ¡Oiga, señor! 여보세요, 선생님!
- ¡Hola, Sr. López! 안녕하세요, 로뻬스 씨!
- Él es el señor López. 그분은 로뻬스 씨입니다.
- Ella es la señorita López. 그녀는 로뻬스 양입니다.

Gramática 문법

1 지시형용사

우리말의 '이…', '그…', '저…'에 해당하는 지시형용사는 명사의 앞에 위치하고, 명사의 성·수에 일치한다.

		남성		여성	
이…	단수	이 책	**este** libro	**esta** casa	이 집
	복수	이 책들	**estos** libros	**estas** casas	이 집들
그…	단수	그 책	**ese** libro	**esa** casa	그 집
	복수	그 책들	**esos** libros	**esas** casas	그 집들
저…	단수	저 책	**aquel** libro	**aquella** casa	저 집
	복수	저 책들	**aquellos** libros	**aquellas** casas	저 집들

2 지시대명사

우리말의 '이것', '그것', '저것'에 해당하는 지시대명사는 지시형용사의 형태와 같다. 이 지시대명사는 이미 앞에 나온 명사를 반복하지 않고 생략하는 경우에 사용한다.

		남성	여성	중성
이것	단수	este	esta	esto
	복수	estos	estas	
그것	단수	ese	esa	eso
	복수	esos	esas	
저것	단수	aquel	aquella	aquello
	복수	aquellos	aquellas	

ex Este libro es caro y aquel es barato.

이 책은 비싸고 저것은(저 책은) 값이 싸다.

Esta casa y aquella son baratas.

이 집과 저것은(저 집은) 싸다.

3 형용사

명사를 수식하는 형용사는 그 명사와 성・수에서 일치한다. 스페인어에서는 일반적으로 [명사+형용사]처럼 형용사가 명사 뒤에 위치한다.

01 | -o로 끝나는 형용사는 성・수 모두 변화한다.

	단수		복수	
남성	키 큰 소년	chico **alto**	chicos **altos**	키 큰 소년들
여성	키 큰 소녀	chica **alta**	chicas **altas**	키 큰 소녀들

02 | 그 외의 모든 형용사는 수만 변화하며, 남성형과 여성형이 동일하다.

	단수		복수	
남성	친절한 소년	chico **amable**	chicos **amables**	친절한 소년들
여성	친절한 소녀	chica **amable**	chicas **amables**	친절한 소녀들

03 | -o로 끝나지 않는 형용사 중에 국적 형용사는 성・수 모두 일치한다.

	단수		복수	
남성	영국 소년	chico **inglés**	chicos **ingleses**	영국 소년들
여성	영국 소녀	chica **inglesa**	chicas **inglesas**	영국 소녀들

Ejercicios 연습문제

01 괄호 안의 형용사를 올바른 형태로 바꾸시오.

(1) una casa ___________(blanco)

(2) la profesora ___________(alto)

(3) las señoritas ___________(guapo)

(4) los señores ___________(español)

02 다음 빈칸에 적당한 지시형용사를 넣으시오.

(1) (이) ___________ libros son interesantes. (이 책들은 재미있다.)

(2) (그) ___________ chica es guapa. (그 소녀는 예쁘다.)

(3) (그) ___________ coches son caros. (그 차들은 비싸다.)

(4) (저) ___________ mujeres son simpáticas. (저 여인들은 착하다.)

03 다음 빈칸에 올바른 지시형용사와 지시대명사를 넣으시오.

(1) 이 책은 재미있다.

_______ libro es interesante. → _______ es interesante.

(2) 저 차들은 비싸다.

_______ coches son caros. → _______ son caros.

(3) 그 학생들은 한국인이다.

_______ alumnos son coreanos. → _______ son coreanos.

(4) 이 건물들은 높다.

_______ edificios son altos. → _______ son altos.

정답

01 (1) blanca (2) alta (3) guapas (4) españoles

02 (1) Estos (2) Esa (3) Esos (4) Aquellas

03 (1) Este, Este (2) Aquellos, Aquellos (3) Esos, Esos (4) Estos, Estos

스페인의 전통요리

빠에야 paella

스페인의 대표적인 요리로 우리 입맛에도 잘 맞는 음식이 바로 빠에야(paella)이다. 프라이팬에 올리브유를 바르고 양파, 마늘 등의 야채와 돼지고기, 닭고기, 혹은 해산물 등을 넣고 볶다가 쌀과 사프란이라는 노란색 향료를 넣어 만든 요리이다. 우리나라의 볶음밥과 비슷하다. 스페인 동부 발렌시아 지방에서 시작되었지만, 현재는 어디서나 맛볼 수 있는 스페인의 대중적인 음식이 되었으며, 지역마다 종류도 다양하다.

꼬치니요 아사도 cochinillo asado

새끼돼지에 와인과 소스를 발라 통째로 오븐에서 구운 음식으로 새끼돼지의 얼굴도 그대로 생생하게 볼 수 있다. 태어난 지 얼마 되지 않은 새끼돼지라서 고기가 연하고 맛이 좋고, 보통 와인과 함께 먹는다. 마드리드와 세고비아(Segovia) 지방에서 즐겨 먹는다.

하몬 jamon

하몬은 돼지 넓적다리를 통째로 절여 건조・숙성시킨 스페인의 대표적인 햄이라 할 수 있다. 다른 첨가물이 들어가지 않고 순수 돼지고기살로 만들어진 하몬은 스페인 사람들의 식생활에 필수적인 음식이다. 일반 햄처럼 샌드위치에 넣어 먹기도 하고, 안주로 먹거나 그냥 먹기도 하며, 종류에 따라 맛과 가격이 다양하다. 여러 음식점에서 볼 수 있는 하몬은 마치 곰팡이가 피어있는 듯한 돼지 다리를 매달아 놓아 불결해 보이고 거부감을 느낄 수 있지만, 스페인 사람 모두가 애용하는 중요한 음식이다.

Track 05

Lección 5

Estoy bien.
에스또이 비엔

José: ¡Hola! ¡Buenas tardes!
올라 부에나스 따르데스

María: ¡Buenas tardes!
부에나스 따르데스

José: ¿Cómo estás?
꼬모 에스따스

María: Muy bien, gracias. ¿Y tú?
무이 비엔 그라씨아스 이 뚜

José: Muy bien. Gracias.
무이 비엔 그라씨아스

María: A propósito, ¿dónde está tu amigo?
아 쁘로뽀시또 돈데 에스따 뚜 아미고

José: Está en la escuela.
에스따 엔 라 에스꾸엘라

María: ¿Cómo es él?
꼬모 에스 엘

José: Es guapo y simpático.
에스 구아뽀 이 심빠띠꼬

María: ¿De dónde es él?
데 돈데 에스 엘

José: Es de España.
에스 데 에스빠냐

나는 잘 있어.

제 5 과

호세: 안녕!
마리아: 안녕!
호세: 어떻게 지내?
마리아: 매우 잘 지내고 있어. 고마워. 그런데 너는?
호세: 잘 지내. 고마워.
마리아: 그런데, 너의 친구는 어디에 있지?
호세: 학교에 있어.
마리아: 그는 어떤 사람이지?
호세: 미남이고 착해.
마리아: 그는 어디 출신이지?
호세: 스페인 출신이야.

I'm fine.

Jose: Hi! Good afternoon!
Maria: Good afternoon!
Jose: How are you?
Maria: I'm fine, thank you. And you?
Jose: I'm so good. Thank you.
Maria: By the way, where is your friend?
Jose: He is at school.
Maria: What does he look like?
Jose: He is handsome and kind.
Maria: Where is he from?
Jose: He is from Spain.

어휘와 표현

- estoy (나는) …상태이다
- ¿cómo? 어떻게
- estás (너는) …상태이다
- muy 매우
- bien 잘, 좋게
- Gracias. 고맙습니다.
- y 그리고
- a propósito 그런데
- ¿dónde? 어디에?
- tu 너의
- amigo [남] 친구
- en …에 (위치)
- escuela [여] 학교
- guapo,-pa 잘 생긴, 예쁜
- simpático,-ca 착한, 친절한
- ¿de dónde? 어디 출신?
- es de …출신이다

마드리드 스페인광장에 있는 돈키호테의 동상

Gramática 문법

1 동사 estar

동사 estar는 주어의 일시적인 상태와 주어의 위치를 표현한다. 즉 '주어가 …상태이다', '주어가 …에 있다'와 같은 의미를 가진다.

	단수		복수	
1인칭	yo	**estoy**	nosotros	**estamos**
2인칭	tú	**estás**	vosotros	**estáis**
3인칭	él	**está**	ellos	**están**
	ella	**está**	ellas	**están**
	usted	**está**	ustedes	**están**

01 | 주어의 일시적인 상태 : 형용사와 함께 주어의 상태를 나타낸다.

ex
Él está enfermo. 그는 아프다.
Ella está enferma. 그녀는 아프다.
Ellos están enfermos. 그들은 아프다.
Ellas están enfermas. 그녀들은 아프다.

02 | 주어의 위치

ex
Estoy aquí. 저는 여기 있습니다.
El libro está en la mesa. 책은 테이블에 있다.
Madrid está en España. 마드리드는 스페인에 있다.

2 ser / estar

ser + 형용사	본질	영구적	불변
estar + 형용사	상태	일시적	가변

ex Elena es alegre. 엘레나는 명랑하다.
Elena está alegre. 엘레나는 기뻐한다.

Alberto es listo. 알베르또는 영리하다.
Alberto está listo. 알베르또는 준비되어 있다.

El hielo es frío. 얼음은 차갑다.
El café está frío. 커피는 식어 있다.

3 의문사

의문사는 의문문의 맨 앞에 위치하며, [의문사+동사+주어]의 어순이 된다.

01 | ¿cómo? 어떻게?

ex ¿Cómo está usted? 안녕하세요?
¿Cómo está Carlos? 까를로스는 어때?

02 | ¿dónde? 어디에?

ex ¿Dónde está la escuela? 학교는 어디에 있지?
¿Dónde está Susana? 수사나는 어디에 있지?

03 | ¿de dónde? 어디 출신?

ex ¿De dónde eres? -Soy de Corea.
너는 어디 출신이지? 나는 한국 출신이야.

Ejercicios 연습문제

01 estar 동사의 올바른 형태를 넣으시오.

(1) ¿Dónde __________ María? (마리아는 어디 있지?)
(2) ¿Dónde __________ ellas? (그녀들은 어디 있지?)
(3) ¿Dónde __________ tú? (너는 어디 있지?)
(4) ¿Dónde __________ el coche? (차가 어디에 있지?)

02 다음 빈칸에 동사 ser나 estar의 올바른 형태를 넣으시오.

(1) José __________ cansado. (호세는 피곤하다.)
(2) Este coche __________ blanco. (이 자동차는 하얗다.)
(3) José __________ en la biblioteca. (호세는 도서실에 있다.)
(4) María __________ simpática. (마리아는 착하다.)

03 다음 예와 같이 질문에 대답하시오.

> ¿Dónde está ella? -en casa (그녀는 어디 있지? -집에)
> → Está en casa. (그녀는 집에 있어.)

(1) ¿Dónde estás? -en la cafetería (너는 어디 있니? -까페떼리아에)
→ ______________________________

(2) ¿Dónde está José? -en la oficina (호세는 어디 있지? -사무실에)
→ ______________________________

(3) ¿Dónde está Corea? -en Asia (한국은 어디 있지? -아시아에)
→ ______________________________

(4) ¿De dónde eres? -de Corea (너는 어디 출신이니? -한국 출신)
→ ______________________________

정답

01 (1) está (2) están (3) estás (4) está
02 (1) está (2) es (3) está (4) es
03 (1) Estoy en la cafetería. (2) Está en la oficina.
(3) Corea está en Asia. (4) Soy de Corea.

스페인의 지방색

1492년 스페인은 이슬람 세력을 완전히 몰아내고 국토의 통일과 함께, 정치적·종교적 통일을 이룩하였다. 또한 그해는 콜럼버스가 아메리카 대륙을 발견하여 스페인의 황금세기를 시작하는 중요한 해가 된다.

1492년 이전에는 각 지방마다 독자적인 역사, 문화, 전통을 지니고 살았고, 각 지방의 유대감이 약했다. 이러한 지방색이 현재까지 강하게 남아 있기 때문에 현재 스페인 사람들은 국가에 대한 충성심이 크지 않고, 자신의 지방에 대한 긍지와 애정이 강하다. 스페인의 민족주의는 국가 차원의 민족주의가 아니라 지역민족주의에 속한다고 볼 수 있다.

이런 지방색은 언어에서 분명하게 나타난다. 스페인어가 공용어이지만, 이외에 일부 지역에는 각 지역어가 함께 공용어로 채택되어 있다. 까딸루냐 지방(수도: 바르셀로나)에는 까딸루냐어, 갈리시아 지방(수도: 산띠아고 데 꼼뽀스뗄라)에는 갈리시아어, 그리고 바스크 지방(수도: 빌바오)에는 바스크어가 공용어로 채택되어 있다. 스페인어가 국가적 차원의 공용어임에도 불구하고, 각 지방에서는 각 지방어를 우선으로 하고 스페인어를 그 다음으로 간주하고 교육하고 있는 실정이다. 특히, 까딸루냐 지방에서는 학교나 관공서에서 까딸루냐어를 공식언어로 사용하고 있고, 까딸루냐어의 비중이 점점 더 증가하는 추세에 있다. 또한 까딸루냐 주민은 까딸루냐가 스페인의 한 지역이 아니라 하나의 독립 국가이고, 자신들은 스페인 국민이 아니라 독립 국가의 국민이라고 생각한다는 점에서 심각한 지역감정을 볼 수 있다. 이러한 지방색의 기질은 축구경기에서 쉽게 나타난다. 대표적인 예로, 마드리드와 바르셀로나는 여러 면에서 심각한 라이벌 관계에 있다. (제20과 참조)

Track 06

Lección 6

Hay un libro en la mesa.

아이 운 리브로 엔 라 메사

José: ¿Qué hay en la mesa?
께 아이 엔 라 메사

María: Hay un libro en la mesa.
아이 운 리브로 엔 라 메사

José: ¿Qué hay en el jardín?
께 아이 엔 엘 하르딘

María: Hay tres árboles y muchas flores.
아이 뜨레스 아르볼레스 이 무차스 플로레스

José: ¿Dónde está el libro?
돈데 에스따 엘 리브로

María: El libro está en la mesa.
엘 리브로 에스따 엔 라 메사

José: ¿Dónde están los árboles?
돈데 에스딴 로스 아르볼레스

María: Los árboles están en el jardín.
로스 아르볼레스 에스딴 엔 엘 하르딘

José: ¿Dónde está tu casa?
돈데 에스따 뚜 까사

María: Mi casa está en la calle Picasso.
미 까사 에스따 엔 라 까예 삐까소

테이블에 책 한 권이 있다.

호세: 테이블에 무엇이 있니?
마리아: 테이블에 책 한 권이 있어.
호세: 정원에 무엇이 있니?
마리아: 정원에는 나무 세 그루와 많은 꽃이 있어.
호세: 그 책은 어디에 있지?
마리아: 그 책은 테이블에 있어.
호세: 그 나무들은 어디에 있지?
마리아: 그 나무들은 정원에 있어.
호세: 너의 집은 어디에 있지?
마리아: 나의 집은 피카소 거리에 있어.

There is a book on the table.

Jose: What is on the table?
Maria: There is a book on the table.
Jose: What is in the garden?
Maria: There are three trees and many flowers.
Jose: Where is the book?
Maria: The book is on the table.
Jose: Where are the trees?
Maria: The trees are in the garden.
Jose: Where is your house?
Maria: My house is in the Picasso Street.

어휘와 표현

- hay …이 있다
- en …에 (위치)
- libro [남] 책
- jardín [남] 정원
- árbol [남] 나무
- mucho,-cha 많은
- flor [여] 꽃
- tu 너의 (cf. tú 너는)
- casa [여] 집
- mi 나의
- calle [여] 거리

마드리드의 마요르 광장(Plaza Mayor)

Gramática 문법

1 Hay …이 있다

동사 haber의 변화형태 hay는 존재 여부를 표현하는 동사이며, 영어의 'there is(are)'와 유사한 의미로 막연히 '…이 (어디에) 있다'라는 표현이다. hay의 뒤에는 부정관사, mucho(많은), 그리고 숫자 등을 동반한 명사가 온다. 정관사를 동반한 명사는 올 수 없다.

ex
Hay dos estudiantes. 학생 두 명이 있다.
Hay un libro en la mesa. 탁자에 책이 한 권 있다.
Hay muchos coches en la calle. 거리에 차가 많이 있다.

2 hay / estar

동사 estar와 hay는 둘 다 '…이(가) 있다'라는 뜻으로 공통적으로 존재를 나타내지만 두 동사에는 용법의 차이가 있다. hay는 '있느냐 없느냐', 즉 존재의 여부를 표현하는 반면에, estar는 특정 주어의 위치를 표현하는 것이다.

ex
Hay un libro. 책 한 권이 있다.
Un libro hay. (x)
Hay el libro. (x)

Hay unos libros en la mesa. 탁자에 책 몇 권이 있다.
Hay muchos coches en la calle. 거리에 자동차가 많이 있다.

El libro está en la mesa. 그 책은 탁자 위에 있다.
Los coches están en la calle. 그 자동차들은 거리에 있다.

동사 estar는 항상 장소를 나타내는 표현이 필요하지만, hay에는 없어도 된다.

ex Hay muchos libros. (o) 책이 많이 있다.
Hay muchos libros en la mesa. (o) 테이블에 책이 많이 있다.

El libro está. (x)
El libro está en la mesa. (o) 그 책은 탁자 위에 있다.

3 수사: 기수

0	cero	14	catorce	28	veintiocho
1	uno, una (f.)	15	quince	29	veintinueve
2	dos	16	dieciséis	30	treinta
3	tres	17	diecisiete	31	treinta y uno
4	cuatro	18	dieciocho	32	treinta y dos
5	cinco	19	diecinueve	33	treinta y tres
6	seis	20	veinte	40	cuarenta
7	siete	21	veintiuno	50	cincuenta
8	ocho	22	veintidós	60	sesenta
9	nueve	23	veintitrés	70	setenta
10	diez	24	veinticuatro	80	ochenta
11	once	25	veinticinco	90	noventa
12	doce	26	veintiséis	100	ciento(cien)
13	trece	27	veintisiete	1,000	mil

1은 남성명사 앞에서 un, 여성명사 앞에서 una가 된다.

ex un año 1년 una hora 1시간
treinta y un años 31년 treinta y una horas 31시간

Ejercicios

연습문제

01 다음 빈칸에 hay와 estar의 올바른 형태를 넣으시오.

(1) __________ un libro en la mesa. (탁자에 책 한 권이 있다.)

(2) El libro __________ en la mesa. (그 책은 탁자에 있다.)

(3) __________ muchos coches. (자동차가 많이 있다.)

(4) Mi oficina __________ aquí. (나의 사무실은 여기에 있다.)

02 다음 질문에 주어진 단어로 대답하시오.

(1) ¿Qué hay en la habitación? -una cama.
(방에 무엇이 있습니까? -침대)
→ ______________________________

(2) ¿Qué hay en la cama? -un perrito.
(침대에 무엇이 있습니까? -강아지)
→ ______________________________

(3) ¿Qué hay en la clase? -unos libros.
(교실에 무엇이 있습니까? -몇 권의 책)
→ ______________________________

(4) ¿Qué hay en la mesa? -un teléfono.
(테이블에 무엇이 있습니까? -전화)
→ ______________________________

03 다음 질문에 주어진 단어로 대답하시오.

(1) ¿Dónde está María? -en la habitación.

(마리아는 어디에 있습니까? -방에)

→ ________________________________

(2) ¿Dónde está el teléfono? -en la mesa.

(전화는 어디에 있습니까? -테이블에)

→ ________________________________

(3) ¿Dónde están los libros? -en la clase.

(그 책들은 어디에 있습니까? -교실에)

→ ________________________________

(4) ¿Dónde están los estudiantes? -en la biblioteca.

(학생들은 어디에 있습니까? -도서실에)

→ ________________________________

정답

01 (1) Hay (2) está (3) Hay (4) está

02 (1) Hay una cama en la habitación.
(2) Hay un perrito en la cama.
(3) Hay unos libros en la clase.
(4) Hay un teléfono en la mesa.

03 (1) María está en la habitación.
(2) El teléfono está en la mesa.
(3) Los libros están en la clase.
(4) Los estudiantes están en la biblioteca.

교통: 지하철 / 버스 / 택시

지하철 METRO

마드리드 지하철

스페인에서 지하철은 'METRO'라고 하며 입구에 표시가 되어있다. 마드리드에는 12개 노선이 운행되고 있다. 마드리드의 지하철 노선은 대부분 관광 포인트를 거치기 때문에 편리하다. 아침 6시부터 새벽 2시까지 운행되며 운행 간격은 3~5분이다. 일반승차권은 1유로(euro)인데, 10번을 승차할 수 있는 Bono Metro는 가격이 6.4유로로 매우 저렴하다. 지하철 표는 우리나라와 같이 지하철 매표소와 자동매표소에서 구입할 수 있고, 또한 에스땅꼬(estanco)에서도 구입할 수 있다. 매표소에서 표를 살 때 지하철 노선도를 구할 수 있다.

버스 AUTOBÚS

스페인에서는 버스와 지하철을 동일한 티켓으로 이용한다. 버스는 시내에 많은 노선이 있지만 지리에 익숙하지 않고 말이 통하지 않는 관광객들이 이용하기는 힘들다. 1회권을 구입하는 것보다 10회 이용권을 구입하여 여러 명이 함께 사용하는 것이 좋다. 버스는 지하철에 비하여 노선이 다양하여 시내 곳곳까지 갈 수 있다. 아침 6시부터 밤 12시까지 운행하며 그 후 야간에는 야간버스가 운행된다. 버스정류장에 간단하게 노선이 안내되고 있지만 보다 자세한 버스노선도를 이용하는 것이 편리하다.

택시 TAXI

스페인의 택시는 편리한 교통수단이다. 말이 통하지 않아도 주소를 보여주면 집 앞까지 친절하게 데려다 준다. 빈차는 녹색 램프가 켜 있고 'LIBRE'라고 표시되어 있다. 택시요금은 기본요금이 2.05유로이고, 요금체계는 거리・시간 병산제이며, 공휴일(06:00~23:00), 심야(23:00~06:00), 시외(공항 포함) 할증료가 부과된다. 우리나라의 합승제도는 없으니, 승객이 타고 있는 택시를 부르면 안 된다. 택시를 부를 때는 우리나라처럼 전화로 호출하거나 도로에서 손을 흔들어 부른다.

Track 07

Lección 7

Yo estudio español.

요 에스뚜디오 에스빠뇰

José: ¿Qué estudias en la escuela?
께 에스뚜디아스 엔 라 에스꾸엘라

María: Yo estudio inglés y español.
요 에스뚜디오 잉글레스 이 에스빠뇰

José: El español es difícil, ¿verdad?
엘 에스빠뇰 에스 디피씰 베르닷

María: No, no es difícil.
노 노 에스 디피씰

José: ¿Hablas español?
아블라스 에스빠뇰

María: Sí, hablo un poco.
씨 아블로 운 뽀꼬

José: Y, ¿qué aprendes?
이 께 아쁘렌데스

María: Aprendo matemáticas y química.
아쁘렌도 마떼마띠까스 이 끼미까

José: A propósito, ¿dónde viven tus padres?
아 쁘로뽀시또 돈데 비벤 뚜스 빠드레스

María: Viven en París.
비벤 엔 빠리스

Yo escribo a mis padres a menudo.
요 에스끄리보 아 미스 빠드레스 아 메누도

나는 스페인어를 공부한다.

제 7 과

호세: 너는 학교에서 무엇을 공부하니?
마리아: 영어와 스페인어를 공부하고 있어.
호세: 스페인어는 어려워. 그렇지?
마리아: 아니, 어렵지 않아.
호세: 스페인어를 할 수 있어?
마리아: 그래, 조금 할 수 있어.
호세: 그리고 무엇을 배우니?
마리아: 수학과 화학을 배우고 있어.
호세: 그런데, 너의 부모님은 어디에 사시니?
마리아: 파리에 살고 계셔.
나는 부모님께 편지를 자주 써.

I study Spanish.

Jose: What do you study at school?
Maria: I study English and Spanish.
Jose: Spanish is difficult, isn't it?
Maria: No, It is not difficult.
Jose: Do you speak Spanish?
Maria: Yes, I speak a little bit.
Jose: And what else do you learn?
Maria: I learn mathematics and chemistry.
Jose: By the way, where do your parents live?
Maria: They live in Paris.
I often write to my parents.

어휘와 표현

- estudias (너는) 공부하다
- estudio (나는) 공부하다
- inglés [남] 영어
- español [남] 스페인어
- difícil 어려운
- ¿verdad? 그렇지?
- hablas (너는) 말하다
- un poco 조금
- aprendes (너는) 배우다
- matemáticas [여] 수학
- química [여] 화학
- viven (그들은) 살다
- tus 너의
- padres [남·복] 부모님
- París 파리
- escribo (나는) 쓰다
- a …에게
- mis 나의
- a menudo 자주

영어와 비슷한 단어

스페인어	한국어	영어
idioma	언어	idiom
mapa	지도	map
música	음악	music
matemáticas	수학	mathematics
programa	프로그램	program
problema	문제	problem
sistema	시스템	system

Gramática 문법

1 직설법 현재시제의 동사변화

스페인어의 동사에는 -ar 동사(제1변화), -er 동사(제2변화), -ir 동사(제3변화)가 있는데, 각각 인칭에 따라 어미가 변화한다.

	hablar	comer	vivir
yo	habl**o**	com**o**	viv**o**
tú	habl**as**	com**es**	viv**es**
él, ella, usted	habl**a**	com**e**	viv**e**
nosotros	habl**amos**	com**emos**	viv**imos**
vosotros	habl**áis**	com**éis**	viv**ís**
ellos, ellas, ustedes	habl**an**	com**en**	viv**en**

ex
Yo hablo español. 나는 스페인어를 합니다.
Él come helado. 그는 아이스크림을 먹는다.
Viven en Sevilla. 그들은 세비야에 살고 있다.

다음은 기본적인 동사를 제1변화, 제2변화, 제3변화로 분류한 것이다.

01 | 제1변화 동사 (-ar)

ex
ayudar (돕다) comprar (사다) estudiar (공부하다)
cantar (노래하다) llamar (부르다) visitar (방문하다)

02 | 제2변화 동사 (-er)

ex
aprender (배우다) creer (믿다) leer (읽다)
meter (집어넣다) temer (무서워하다) vender (팔다)

03 | 제3변화 동사 (-ir)

ex
abrir (열다) cubrir (덮다) escribir (쓰다)
permitir (허락하다) partir (출발하다) subir (올라가다)

2 소유형용사

	단수		복수	
	남성	여성	남성	여성
나의	mi	mi	mis	mis
너의	tu	tu	tus	tus
그(그녀, 당신)의	su	su	sus	sus
우리들의	nuestro	nuestra	nuestros	nuestras
너희들의	vuestro	vuestra	vuestros	vuestras
그들(그녀들, 당신들)의	su	su	sus	sus

ex
mi coche 나의 차 mis coches 나의 차들
mi casa 나의 집 mis casas 나의 집들

nuestro coche 우리의 차 nuestros coches 우리의 차들
nuestra casa 우리의 집 nuestras casas 우리의 집들

su libro 그의 책 sus libros 그의 책들
su libro 그들의 책 sus libros 그들의 책들

3 ¿verdad? / ¿no?

평서문 끝에 ¿verdad?, ¿no? 등이 첨가된 의문문이 있다.

ex
El español es fácil, ¿verdad? 스페인어는 쉬워. 그렇지?
Eres de Corea, ¿no? 너는 한국인이야. 그렇지?

Ejercicios 연습문제

01 주어진 동사의 올바른 형태를 넣으시오.

(1) Luisa ________(hablar) español. (루이사는 스페인어를 말한다.)
(2) Vosotros ________(abrir) la ventana. (너희들은 창문을 연다.)
(3) Siempre ella ________(beber) zumo. (그녀는 항상 주스를 마신다.)
(4) Tú y yo ________(aprender) español. (너와 나는 스페인어를 배운다.)
(5) Nosotros ________(partir) para Madrid. (우리들은 마드리드로 출발한다.)
(6) Ellos ________(estudiar) inglés. (그들은 영어를 공부한다.)

02 소유형용사를 사용하여 스페인어로 옮기시오.

(1) 우리 집 ____________________
(2) 나의 선생님들 ____________________
(3) 너의 책 ____________________
(4) 그녀의 엄마 ____________________

03 다음 질문에 Sí를 사용하여 대답하시오.

(1) ¿Vives en París?
(2) ¿Hablas español?
(3) ¿Bailan bien ellas?
(4) ¿Beben cerveza?

정답

01 (1) habla (2) abrís (3) bebe
(4) aprendemos (5) partimos (6) estudian
02. (1) nuestra casa (2) mis profesores (3) tu libro (4) su madre
03. (1) Sí, vivo en París. (2) Sí, hablo un poco.
(3) Sí, bailan bien. (4) Sí, beben cerveza.

축제 FIESTA

스페인에서는 1년 내내 축제(fiesta 피에스따)가 열리고 있다고 말할 정도로, 스페인의 축제는 셀 수 없을 만큼 많고 다양하다. 낙천적인 스페인 사람들은 별별 이유를 다 갖다 붙여 축제를 열고, 축제 때가 되면 미친 듯이 즐긴다. 축제는 생일이나 기일, 첫 영성체일 같은 아주 작은 가족모임부터 성 요셉 축제일 같은 전국적인 축제까지 매우 다양하다. 축제는 온 도시, 온 마을 사람의 축제이며 이 행사에는 모든 사람이 참여할 수 있다. 축제는 가족과 친구, 어린이부터 어른까지, 모든 사람들이 즐기는 모든 이를 위한 행사이다. 친척과 친구들이 유럽 곳곳에서 축제에 참가하기 위해 모인다.

스페인의 축제에는 우선 다양한 음식과 와인이 있고, 웃음이 가득한 가운데 축제가 열리고, 행사에 따라 달라지는 다양한 형태의 시가 행렬이 있다. 기타를 치고 모두가 노래를 부르는 음악의 향연, 행렬을 따라가는 마을 밴드의 연주, 또는 캐스터네츠 소리와 함께 연출되는 플라멩꼬 춤과 노래도 축제에서 빼 놓을 수 없는 장면이다. 투우, 토마토 축제, 종이 인형을 태우는 파야스(fallas)와 같은 불꽃놀이도 스페인 축제의 중요한 부분이다.
스페인 사람들은 축제를 위하여 살아가는 사람들이다!

주요 축제와 휴일 일람표

1월 1일	신년 첫날 (Día del Año Nuevo)
1월 6일	주현절 (Día de Los Reyes Magos)
3월 12~19일	발렌시아의 파야스(Fallas) 축제
3월 19일	성 요셉 축일(Día de San José)
부활절 전 일주일	성 주간 (Semana Santa), 부활절 주간
부활절 전 금요일	성 금요일 (Viernes Santo), 그리스도 수난의 날
4월 하순 일주일간	세비야의 페리아(Feria) 축제
5월 1일	노동절
5월 1~16일	꼬르도바의 5월 축제
5월 15일	마드리드 수호성인 산 이시드로(San Iisidro) 축제
6월 23일	까딸루냐 밤 축제
7월 6~14일	빰쁠로나의 산 페르민(San Fermín) 축제
7월 25일	성 야곱 축일 (Día de Santiago)
8월 15일	성모 승천일 (la Asunción de la Virgen)
8월 마지막 수요일	발렌시아 부뇰의 토마토 축제 (La Tomatina)
9월 8일	말라가 승전기념일 (Día de la Victoria)
9월 11일	까딸루냐 국경일
9월 24일 전후 일주일	바르셀로나 수호성인 라 메르세(La Merce) 축제
10월 12일	신대륙 발견 기념일 (el día de Hispanidad)
11월 1일	제성인 대축일 (Día de todos los Santos)
12월 6일	헌법의 날
12월 8일	성모 수태일 (la Concepción)
12월 25일	크리스마스(Día de Navidad)

Track 08

Lección 8

¿Adónde vas?

아돈데 바스

José: ¡Hola! ¡Buenas tardes!
올라 부에나스 따르데스

María: ¡Buenas tardes!
부에나스 따르데스

José: ¿Adónde vas?
아돈데 바스

María: Voy al centro comercial.
보이 알 센뜨로 꼬메르시알

José: ¿Vas a comprar algo?
바스 아 꼼쁘라르 알고

María: Sí, voy a comprar un regalo para
씨 보이 아 꼼쁘라르 운 레갈로 빠라

Petra.
뻬뜨라

Hoy es su cumpleaños.
오이 에스 수 꿈쁠레아뇨스

José: ¿Puedo ir contigo?
뿌에도 이르 꼰띠고

María: Sí, claro que sí.
씨 끌라로 께 씨

José: Quiero dar un libro a Petra.
끼에로 다르 운 리브로 아 뻬뜨라

Por eso, voy a comprar un libro.
뽀르 엣소 보이 아 꼼쁘라르 운 리브로

너는 어디 가니?

제 8 과

호세:	안녕!
마리아:	안녕!
호세:	너 어디 가니?
마리아:	쇼핑몰에 가는 거야.
호세:	뭔가를 사려고 그래?
마리아:	그래. 빼뜨라에게 줄 선물을 사려고 해. 오늘이 그녀의 생일이야.
호세:	나도 함께 갈 수 있을까?
마리아:	그래, 물론이지!
호세:	나는 빼뜨라에게 책을 주고 싶어. 그래서 나는 책을 살 거야.

Where are you going?

Jose:	Hi, good afternoon!
Maria:	Good afternoon!
Jose:	Where are you going?
Maria:	I'm going to the mall.
Jose:	Are you going to buy anything?
Maria:	Yes, I'm going to buy a gift for Petra. Today is her birthday.
Jose:	Can I go with you?
Maria:	Yes, of course.
Jose:	I want to give a book to Petra. So I'm going to buy a book.

어휘와 표현

- ¿adónde? 어디로?
- vas (너는) 간다
- voy (나는) 간다
- al [전치사 a+정관사 el]
- centro comercial [남] 쇼핑몰
- vas a+동사 (너는) …하려고 한다
- comprar 사다
- algo 어떤 것, 무엇이라도
- regalo [남] 선물
- para …에게 줄, …를 위하여
- hoy 오늘
- cumpleaños [남] 생일
- puedo (나는) …할 수 있다
- contigo 너와 함께
- ¡Claro que sí! 물론이지!
- quiero (나는) …하고 싶다
- dar 주다
- ¡Buena idea! 좋은 생각이야!

Lingua

Gramática 문법

1 불규칙 동사 ir

	단수		복수	
1인칭	yo	**voy**	nosotros	**vamos**
2인칭	tú	**vas**	vosotros	**vais**
3인칭	él	**va**	ellos	**van**

01 | [ir a+장소] …로 가다

ex
Voy a la biblioteca todos los días. 나는 매일 도서실에 간다.
Vamos a Seúl mañana. 우리는 내일 서울에 간다.

02 | [ir a+동사원형] …하려고 하다

ex
Vamos a estudiar chino. 우리들은 중국어를 공부할 것이다.
Voy a comprar mantequilla. 나는 버터를 사려고 한다.

2 불규칙 동사 dar …을 ~에게 주다

	단수		복수	
1인칭	yo	**doy**	nosotros	**damos**
2인칭	tú	**das**	vosotros	**dais**
3인칭	él	**da**	ellos	**dan**

ex
Yo doy el libro a Petra. 나는 뻬뜨라에게 책을 준다.
Vamos a dar este coche a Juan. 우리는 이 차를 후안에게 주려고 한다.

3 불규칙 동사 poder …할 수 있다

복수 1인칭과 2인칭에서는 모음이 변화하지 않고 규칙적으로 변화한다.

	단수		복수	
1인칭	yo	**puedo**	nosotros	**podemos**
2인칭	tú	**puedes**	vosotros	**podéis**
3인칭	él	**puede**	ellos	**pueden**

ex
Yo puedo hablar español. 나는 스페인어를 할 수 있다.
¿Puedes tocar el piano? 너는 피아노를 칠 수 있니?

4 불규칙 동사 querer

	단수		복수	
1인칭	yo	**quiero**	nosotros	**queremos**
2인칭	tú	**quieres**	vosotros	**queréis**
3인칭	él	**quiere**	ellos	**quieren**

01 | [querer+사물] 원하다

ex
Quiero café. 저는 커피를 원합니다.
¿Qué quieres? 너는 무엇을 원하니?

02 | [querer+사람] 사랑하다 (사람 앞에 전치사 a를 사용한다.)

ex
Quiero a Marisol. 나는 마리솔을 사랑한다.
Te quiero mucho. 나는 너를 매우 사랑한다.

03 | [querer+동사원형] …하기를 원하다

ex
Yo quiero cantar. 나는 노래하고 싶다.
Queremos ir al cine. 우리는 극장에 가기를 원한다.

Ejercicios

연습문제

01 다음 빈칸에 동사의 올바른 형태를 넣으시오.

(1) Yo ________(ir) a la escuela todos los días.
(나는 매일 학교에 간다.)

(2) Yo ________(dar) este libro a Inés.
(나는 이 책을 이네스에게 준다.)

(3) Ella ________(querer) comprar esta casa.
(그녀는 이 집을 사기를 원한다.)

(4) Hoy yo __________(poder) jugar al fútbol.
(오늘 나는 축구를 할 수 있다.)

02 예와 같이 querer를 사용한 문장으로 바꾸시오.

> María canta. (마리아는 노래한다.)
> → María quiere cantar. (마리아는 노래하기 원한다.)

(1) José va al mar a nadar. (호세는 수영하러 바다에 간다.)
→ ______________________________

(2) Voy a España contigo. (나는 너와 함께 스페인에 간다.)
→ ______________________________

(3) Ellos beben cerveza. (그들은 맥주를 마신다.)
→ ______________________________

03 예와 같이 poder를 사용한 문장으로 바꾸시오.

María canta. (마리아는 노래한다.)
→ María puede cantar. (마리아는 노래할 수 있다.)

(1) Vamos a Madrid. (우리는 마드리드에 간다.)

→ ______________________________

(2) Luis compra un coche. (루이스는 자동차를 산다.)

→ ______________________________

(3) José habla español. (호세는 스페인어를 한다.)

→ ______________________________

정답

01 (1) voy (2) doy (3) quiere (4) puedo

02 (1) José quiere ir al mar a nadar.
(2) Quiero ir a España contigo.
(3) Ellos quieren beber cerveza.

03 (1) Podemos ir a Madrid.
(2) Luis puede comprar un coche.
(3) José puede hablar español.

스페인의 식사 관습

스페인 사람들에게 식사한다는 것은 최대의 즐거움이라 말할 정도로 스페인 사람들은 먹는 것을 즐긴다.

스페인 사람들은 하루에 식사를 다섯 번이나 한다. 아침식사(desayuno)는 빵과 커피, 혹은 추로스(churros)와 초콜릿(chocolate, 핫초코) 정도로 가볍게 한다. 그리고 11시경에 직장 근처의 바르(bar)나 까페떼리아(cafetería)에서 가볍게 간식(merienda)을 먹는다.

스페인 사람들에게 가장 중요한 식사인 점심식사(almuerzo)는 오후 2시부터 4시 사이에 한다. 점심식사는 가장 중요하고 비중이 큰 식사이기 때문에 전채요리, 주요리, 디저트, 커피에 이르기까지 풀코스로 구성된다. 식사시간이 1~2시간 걸리고, 항상 포도주를 마신다.

오후 6시경이 되면, 바르나 까페떼리아에 간식을 먹으려는 사람들이 몰려든다. 맥주 한잔과 함께 가벼운 간식을 먹는다. 그리고 나서 저녁 8시 30분부터 12시 사이에 저녁식사를 한다.

우리와는 달리 점식식사가 가장 푸짐하고 중요한 식사이고 저녁식사는 가볍게 한다. 점심과 저녁식사를 우리보다 매우 늦게 하며, 긴 시간 동안 여러 이야기를 나누면서, 포도주와 함께 여러 음식을 즐기는 식사문화를 갖고 있다.

Track 09

Lección 9

Yo salgo mañana.
요 살고 마냐나

José: ¿Qué haces este fin de semana?
께 아쎄스 에스떼 핀 데 세마나

María: Voy a viajar por Segovia.
보이 아 비아하르 뽀르 세고비아

José: ¿Para qué?
빠라 께

María: Mis padres viven allí, y los visito.
미스 빠드레스 비벤 아이 이 로스 비시또

José: ¡Qué bien!
께 비엔

María: Y tengo unos amigos allí, quiero
이 뗑고 우노스 아미고스 아이 끼에로

visitarlos también.
비시따를로스 땀비엔

José: ¿Quieres ir en coche?
끼에레스 이르 엔 꼬체

María: Sí, quiero ir en coche.
씨 끼에로 이르 엔 꼬체

José: ¿Cuándo vas a salir?
꾸안도 바스 아 살리르

María: Yo salgo mañana.
요 살고 마냐나

나는 내일 출발할 거야.

제 9 과

호세: 이번 주말에 무엇을 할 거니?

마리아: 나는 세고비아로 여행을 가려고 해.

호세: 무엇하러 가니?

마리아: 나의 부모님께서 세고비아에 살고 계셔서 그 분들을 만나 뵈려고 해.

호세: 정말 잘 됐네!

마리아: 그리고 거기에 친구도 몇 명 있어서 그들도 만나고 싶어.

호세: 그러면 자동차로 가기 원하니?

마리아: 그래, 나는 자동차로 가고 싶어.

호세: 언제 출발할 거니?

마리아: 내일 출발할 거야.

I'm leaving tomorrow.

Jose: What are you going to do this weekend?

Maria: I'm going to travel around Segovia.

Jose: For what?

Maria: My parents live there, so I'll visit them.

Jose: That's good!

Maria: And I have some friends there, I want to visit them too.

Jose: Then, do you want to go by car?

Maria: Yes, I want to go by car.

Jose: When do you leave?

Maria: I'm leaving tomorrow.

어휘와 표현

- salgo (나는) 출발한다
- mañana 내일
- fin [남] 마지막
- de …의
- semana [여] 주
- fin de semana 주말
- haces 너는 …을 한다
- viajar 여행하다
- viajar por… …를 여행하다
- ¿para qué? 무엇을 위하여
- mis 나의
- padres [남·복] 부모님
- allí 거기에
- visito (나는) 방문한다
- ¡Qué bien! 매우 좋군요!
- tengo (나는) 갖고 있다
- amigo [남] 친구
- en coche 자동차로
- ¿cuándo? 언제?
- salir 출발하다

세고비아의 알까사르

Lingua

Gramática 문법

1 불규칙 동사 hacer / salir

1인칭 단수의 형태만 불규칙한 동사

	hacer (하다)	salir (나가다)
yo	**hago**	**salgo**
tú	haces	sales
él	hace	sale
nosotros	hacemos	salimos
vosotros	hacéis	salís
ellos	hacen	salen

ex ¿Qué haces ahora? 지금 무엇을 하고 있니?
Yo salgo esta noche. 나는 오늘 밤 외출한다.

2 불규칙 동사 decir / venir / tener

	decir (말하다)	venir (오다)	tener (갖고 있다)
yo	**digo**	**vengo**	**tengo**
tú	**dices**	**vienes**	**tienes**
él	**dice**	**viene**	**tiene**
nosotros	decimos	venimos	tenemos
vosotros	decís	venís	tenéis
ellos	**dicen**	**vienen**	**tienen**

ex Yo digo la verdad. 나는 사실을 말하고 있다.
Ella viene a mi casa. 그녀는 나의 집에 온다.
Yo tengo un coche. 나는 자동차 한 대를 갖고 있다.

3 직접목적어

동사의 목적어는 직접목적어(…을/를)와 간접목적어(…에게)로 구분된다. 목적어는 동사 뒤에 위치하며, 직접목적어가 특정인인 경우에는 전치사 a와 함께 타동사 뒤에 위치한다.

ex Luis va a comprar frutas. (직접목적어: frutas)
루이스는 과일을 사려고 한다.
Pedro quiere a Marisol. (직접목적어: Marisol)
뻬드로는 마리솔을 사랑한다.
Carmen da un libro a Luis. (직접목적어: libro, 간접목적어: Luis)
까르멘은 루이스에게 책을 준다.

4 직접목적대명사

	단수		복수	
1인칭	me	나를	nos	우리들을
2인칭	te	너를	os	너희들을
3인칭	lo [남]	그를, 당신을, 그것을	los [남]	그들을, 당신들을, 그것들을
	la [여]	그녀를, 당신을, 그것을	las [여]	그녀들을, 당신들을, 그것들을
	le [남]	그를, 당신을	-	

01 | 직접목적대명사는 동사 앞에 위치한다.

ex Yo quiero **a Carmen.** → Yo **la** quiero.
나는 까르멘을 사랑한다. 나는 그녀를 사랑한다.
Yo visito **a mis amigos.** → Yo **los** visito.
나는 친구들을 방문한다. 나는 그들을 방문한다.

02 | 동사원형의 목적대명사인 경우에는 동사원형에 붙여도 된다.

ex Quiero visitar**te**. (=**Te** quiero visitar.) 나는 너를 방문하고 싶다.
Voy a comprar**lo**. (=**Lo** voy a comprar.)
나는 그것을 사려고 한다.

Ejercicios

연습문제

01 빈칸에 동사의 올바른 형태를 넣으시오.

(1) ¿Qué __________(hacer) vosotros mañana?

(너희들은 내일 무엇을 하니?)

(2) Yo __________(tener) una casa muy bonita.

(나는 매우 아름다운 집을 갖고 있다.)

(3) Ellos __________(venir) de Corea.

(그들은 한국에서 왔다.)

(4) ¿Cuándo __________(salir) ustedes?

(당신들은 언제 출발하십니까?)

02 빈칸에 대화에 맞는 적합한 동사를 넣으시오.

(1) ¿Visitan ustedes Segovia? -Sí, _________ Segovia.

(당신들은 세고비아를 방문하세요? 네, 세고비아를 방문합니다.)

(2) ¿Cuándo sales? -_________ mañana.

(너는 언제 출발하니? 내일 출발한다.)

(3) ¿Tienes un coche blanco? -No, _________ un coche rojo.

(너는 하얀 차를 갖고 있니? 아니, 나는 빨간 차를 갖고 있어.)

(4) ¿Vais a Segovia? -Sí, _________ a Segovia.

(너희들 세고비아에 가니? 그래, 우리는 세고비아에 가.)

03 밑줄 친 부분을 직접목적대명사로 바꾸어 문장을 만드시오.

(1) El domingo visito a mis padres. (일요일에 나는 부모님을 방문한다.)

→ ______________________

(2) Quiero comprar un libro para Juan. (나는 후안에게 줄 책을 사고 싶다.)

→ ______________________

(3) Juan invita a Julia. (후안은 훌리아를 초대한다.)

→ ______________________

(4) Antonio da unos regalos a Elena. (안또니오는 엘레나에게 선물을 준다.)

→ ______________________

정답

01 (1) hacéis (2) tengo (3) vienen (4) salen

02 (1) visitamos (2) Salgo (3) tengo (4) vamos

03 (1) El domingo los visito. (2) Quiero comprarlo para Juan.
(3) Juan la invita. (4) Antonio los da a Elena.

휴가 VACACIONES

스페인에서 8월은 휴가를 의미한다. 어떤 사무실은 완전히 문을 닫고 어떤 곳은 최소한의 직원으로 사무실을 운영한다. 이런 관행은 정상적으로 영업하기를 바라는 다국적 기업에는 당혹스러운 일이다. 마치 온 국민이 일손을 놓고 휴가를 떠난 것처럼 느껴진다. 길거리의 신문가판대(quiosco)도 '휴가'라는 안내판을 붙여놓고 문을 닫고, 아파트 건축공사도 완전히 중지되고 휴가에 들어간다. 따라서 이 휴가 기간에는 아무것도 할 수 없다고 생각해야 한다. 이 기간에는 토요일 아침에 은행에서 돈을 찾을 수 없기 때문에 주말에 쓸 자금을 충분히 준비해두는 것이 좋다.

크리스마스(Navidad) 시즌이 되면 12월 6~8일경부터 모든 사람들의 업무 속도가 느려지기 시작하고, 12월 24일 정오에는 대부분의 근무지가 문을 닫는다. 12월 26일은 공식 휴일은 아니지만 많은 사무실이 문을 열지 않는다. 사실상 1월 6일 주현절(día de Los Reyes)까지는 모든 업무가 중지된다고 봐야 한다. 또 부활절에는 성 금요일 전날인 목요일 정오부터 사무실이 문을 닫기 시작해 주말 내내, 어쩌면 그 후에도 문을 닫는 경우가 많다.

그 외에 다른 휴일도 많다. 혹시 축제가 주중에 있으면 뿌엔떼스(puentes, 다리)라고 하는 '징검다리 휴일'이 생긴다. 이것은 실제 축제일과 가장 가까운 일요일 사이에 끼어 있는 날은 모두 쉰다는 것을 의미한다. 이런 상황에서 외국인들은 당황하는 경우가 많다. 스페인에서는 부활절 축제, 여름 휴가철과 크리스마스 시즌에는 아무 일도 할 수 없기 때문이다. 따라서 방문하는 지역의 달력을 준비해서 그 지역의 모든 축제일을 기억해둬야 한다. 예상하지 못한 축제일에 은행이나 관공서가 문을 닫아 갑자기 돈이 떨어져 당황하거나, 계획했던 일을 하지 못할 수도 있기 때문이다.

Track 10

Lección 10

Le sienta bien.

레 시엔따 비엔

Dependienta: Buenas tardes.
부에나스 따르데스

¿Qué quiere, señor?
께 끼에레 세뇨르

Antonio: Quiero una chaqueta para mí.
끼에로 우나 차께따 빠라 미

Dependienta: ¿Qué talla, señor?
께 따이야 세뇨르

Antonio: La 105(ciento cinco), por favor.
라 씨엔또 씽꼬 뽀르 파보르

Dependienta: Un momento, por favor.
운 모멘또 뽀르 파보르

Ahora se la traigo.
아오라 셀 라 뜨라이고

¿Quiere probársela?
끼에레 쁘로바르셀라

Antonio: Gracias. Me queda bien,
그라씨아스 메 께다 비엔

¿verdad?
베르닷

Dependienta: Sí, le sienta bien, señor.
씨 레 시엔따 비엔 세뇨르

Antonio: Me la llevo.
멜 라 예보

당신에게 잘 어울립니다.

제10과

판매원: 안녕하세요. 무엇을 원하세요? 손님.
안또니오: 제가 입을 재킷을 원합니다.
판매원: 사이즈가 어떻게 되십니까? 손님.
안또니오: 105입니다.
판매원: 잠시만 기다려주세요. 지금 가져오겠습니다. 입어보시겠습니까?
안또니오: 고맙습니다. 나에게 잘 맞네요, 그렇지요?
판매원: 네, 손님께 잘 어울립니다.
안또니오: 이것으로 하겠어요.

It suits you.

Saleswoman: Good afternoon. What would you like, sir?
Antonio: I want a jacket.
Saleswoman: What size do you wear, sir?
Antonio: 105(one hundred five), please.
Saleswoman: Just a moment, please. I'll bring it to you right now. Would you like to try it on?
Antonio: Thank you. It fits me, right?
Saleswoman: Yes, it suits you, sir.
Antonio: I'll take it.

어휘와 표현

- sienta bien 잘 어울리다 (sentar)
- dependienta [여] 종업원
- chaqueta [여] 재킷
- para mí 나를 위하여
- talla [여] 사이즈, 치수
- Por favor. 부탁합니다.
- momento [남] 순간
- Un momento. 잠시 기다리세요.
- traigo (내가) 가져오다
- probar 입어보다
- queda bien 잘 맞다 (quedar)
- llevar 가지고 있다
- Me la llevo. 나는 그것을 사겠다.

스페인의 최고의 백화점 '엘 꼬르떼 잉글레스(El Corte Inglés)'

Gramática 문법

1 간접목적대명사

	단수		복수	
1인칭	me	나에게	nos	우리들에게
2인칭	te	너에게	os	너희들에게
3인칭	le	그에게 그녀에게 당신에게	les	그들에게 그녀들에게 당신들에게

01 | 직접목적대명사와 마찬가지로, 동사 앞에 위치한다.

ex Él da los zapatos a Petra. → Él **le** da los zapatos.
그는 뻬뜨라에게 구두를 준다. → 그는 그녀에게 구두를 준다.

02 | 동사원형의 목적어인 경우에는 동사에 붙여 쓰기도 한다.

ex Quiero dar**le** el libro. (= **Le** quiero dar el libro.)
나는 그에게 책을 주고 싶다.

03 | 목적대명사가 사람을 나타낼 경우에 중복형을 사용할 수 있는데, 이것은 의미를 명확하게 하거나 강조를 하기 위한 것이다.

ex Ella **me** da los libros **a mí**. 그녀는 나에게 책을 준다.
Yo **le** enseño una foto **a ella**. 나는 그녀에게 사진을 보여준다.

2 직접목적대명사와 간접목적 대명사

01 | 직접목적대명사와 간접목적 대명사가 함께 사용되는 경우에는 [간접목적대명사+직접목적대명사]의 순서가 된다.

ex Te doy este coche. → **Te lo** doy.
너에게 이 차를 준다. → 너에게 그것을 준다.
Quiero darte este coche. → Quiero dár**telo.**
나는 너에게 이 차를 주고 싶다. → 나는 너에게 그것을 주고 싶다.

02 | 두 목적 대명사가 모두 3인칭일 경우에는 간접목적대명사 le와 les는 se로 바꾸어 쓴다.

ex Yo doy el libro a Juan. 나는 후안에게 책을 준다.
Yo **le lo** doy. (x) → Yo **se lo** doy. (o) 나는 그에게 그것을 준다.

3 전치격 인칭대명사

전치사 뒤에 오는 대명사를 말하며, 주격대명사 yo, tú는 각각 mí, ti가 되고 다른 주격 대명사는 그대로 사용된다. mí와 ti는 전치사 con 뒤에서 각각 conmigo, contigo가 된다.

ex Antonio baila para **mí.** 안또니오는 나를 위하여 춤을 춘다.
Elena va con **él.** 엘레나는 그와 함께 간다.
Elena va **conmigo.** 엘레나는 나와 함께 간다.

por favor의 다양한 표현 기능

* 카페에서 (주문할 때)
Un café, por favor. 커피 한 잔 부탁합니다.

* 거리에서 (사람을 부를 때)
Por favor! 여보세요!

* 거리에서 (길을 물어볼 때)
Plaza de España, por favor. 스페인광장은 어디에 있습니까?

* 택시에서
Al aeropuerto, por favor. 공항으로 가 주십시오.

* 역에서
Para Barcelona, por favor. 바르셀로나행 표 좀 주십시오.

* 질문에서 (이름을 물어볼 때)
Su nombre, por favor. 당신의 성함은 무엇입니까?

* 공공장소에서
El servicio, por favor. 화장실이 어디 있습니까?

* 레스토랑에서
La cuenta, por favor. 계산서 좀 부탁합니다.

* 공항에서
Su pasaporte, por favor. 여권을 보여주세요.

Ejercicios 연습문제

01 괄호 안에 적합한 간접목적대명사를 넣으시오.

(1) ¿Me das aquel libro? -Sí, ________ lo doy.
(나에게 저 책을 주겠니? 그래. 그것을 너에게 줄게.)

(2) ¿Me compras flores? -Sí, ________ las compro.
(나에게 꽃을 사줄래? 그래, 너에게 그것들을 사줄게.)

(3) ¿Te trae el vino? -No, no ________ lo trae.
(그는 너에게 포도주를 가져오니? 아니. 나에게 그것을 가져오지 않아.)

(4) ¿Quieres decirle la verdad? -Si, ________ la quiero decir.
(그에게 사실을 말하고 싶어? 그래, 그에게 그것을 말하고 싶어.)

02 밑줄 친 목적어를 직접・간접 목적대명사로 바꾸시오.

(1) Él me compra <u>unos zapatos</u>. (그는 나에게 구두를 사준다.)
→ ______________________________

(2) Ustedes dan <u>un regalo a Juan</u>. (당신들은 후안에게 선물을 준다.)
→ ______________________________

(3) Ella nos enseña <u>el vino</u>. (그녀는 우리에게 포도주를 보여준다.)
→ ______________________________

(4) Vas a regalar <u>un coche</u> <u>a Juan</u>. (너는 후안에게 차를 선물하려고 한다.)
→ ______________________________

03 다음을 우리말로 옮기시오.

(1) Quiero comprar unos zapatos para mí.
(2) ¿Puede enseñarme otra corbata?
(3) Esta chaqueta no me sienta bien.

정답

01 (1) te (2) te (3) me (4) se

02 (1) Él me los compra. (2) Ustedes se lo dan.

(3) Ella nos lo enseña.

(4) Tú se lo vas a regalar. (= Tú vas a regalárselo.)

03 (1) 제가 신을 구두 한 켤레 사려고 합니다.

(2) 다른 넥타이를 보여주시겠어요?

(3) 이 재킷은 저에게 잘 어울리지 않는군요.

산 페르민(San Fermín) 축제

산 페르민 축제는 스페인의 북동쪽에 자리잡은 빰쁠로나(Pamplona) 시에서 매년 7월에 개최된다. 6일부터 14일까지 일주일 동안 거행되는 이 축제는 대개 '소몰이 축제'로 알려져 있다. 축제는 7월 6일 자정 빰쁠로나 시청 앞 광장에서 시작된다. "산 페르민 만세!(¡Viva San Fermín!)"라는 소리가 울려 퍼지고 거대한 폭죽에 불이 붙으면서 광장에 몰려든 군중들은 환호하며 서로 얼싸안고 춤을 추며 축제의 시작을 기뻐하고 포도주와 샴페인을 밤새도록 마시며 마을 곳곳을 돌아다닌다.

세계적인 작가 헤밍웨이(Hemingway)는 그의 소설 「태양은 다시 떠오른다」(The Sun Also Rises)에서 이 작은 도시 빰쁠로나의 매력을 묘사하였다. 이 소설은 빰쁠로나에 오래 머물 수는 없지만 많은 경험을 하고 싶은 관광객들의 필독서가 되었다.

다음날 아침 8시가 되면 참가자들은 정해진 복장인 하얀 티셔츠에 빨간 스카프를 하고 울타리가 쳐진 거리 안으로 들어간다. 행사가 시작되기 전에 이들은 합창으로 기도의 노래를 부르며 수호성인 산 페르민에게 도움을 청한다. 드디어 산 페르민 성당의 종소리가 축제를 알리고, 곧이어 첫 번째 총성이 울리면 소몰이 행사가 시작된다.

이 총성이 소떼를 가둔 우리의 문이 열렸음을 알리는 것이다. 두 번째 총성이 울리면 소떼는 거리로 향하여 질주한다. 이때부터 이들은 약 900m 거리의 좁은 길을 전력으로 달리게 된다. 참가자들은 달리는 도중에 넘어져 소떼에 밟히거나 쇠뿔에 찔려 다치기도 하고, 심지어 사망하는 경우도 있다.

세 번째 총성은 소들이 이미 투우장에 들어갔다는 것을 알리고 그날의 소몰이 행사는 끝이 난다. 이렇게 일주일 동안 '거리 투우'가 실시된다. 그리고 축제의 마지막 날 밤은 불꽃놀이와 춤과 음악으로 장식된다. 특별히 축제에 참가했던 모든 사람들이 축제의 아쉬운 밤을 촛불을 밝히며 보내기도 한다.

투우 경기에 대하여 스페인 내에서도 찬반양론이 있듯이, 산 페르민 축제에 대해서도 스페인 사람들 모두가 찬성하는 것은 아니다. 현재까지 수많은 부상자를 만들어낸 행사이기 때문에 어리석은 축제로 여겨질 수도 있다. 그러나 그러한 비난과 우려의 목소리에도 불구하고 산 페르민 축제에 대한 스페인 사람들과 관광객들의 열정과 관심은 높아지고 있다.

Track 11

Lección 11

Me gusta el flamenco.

Ana: ¿Qué haces los domingos?

Felipe: Habitualmente voy al cine con mis amigos.

Ana: ¿Te gustan las películas?

Felipe: Sí, me gustan mucho.
Y a ti, ¿qué te gusta?

Ana: A mí me gusta el flamenco.
¿No te gusta el flamenco?

Felipe: No, no me gusta.
Y a tu hermana, ¿qué le gusta?

Ana: A mi hermana le gusta cantar y bailar.

Felipe: Y a tus padres, ¿qué les gusta?

Ana: A mis padres les gusta nadar.

나는 플라멩꼬를 좋아한다.

제 11 과

아나: 너는 매주 일요일에는 무엇을 하니?
펠리뻬: 보통 나는 친구들과 영화관에 가.
아나: 너는 영화를 좋아하니?
펠리뻬: 그래, 나는 영화를 매우 좋아해.
그런데 너는 무엇을 좋아하니?
아나: 나는 플라멩꼬를 좋아해.
너는 플라멩꼬를 좋아하지 않아?
펠리뻬: 그래, 나는 플라멩꼬를 좋아하지 않아.
그런데 너의 여동생은 무엇을 좋아하지?
아나: 내 동생은 노래하고 춤추는 것을 좋아해.
펠리뻬: 너의 부모님께서는 무엇을 좋아하시니?
아나: 나의 부모님은 수영을 좋아하셔.

I like flamenco.

Ana: What do you do on Sundays?
Felipe: I usually go to the cinema with my friends.
Ana: Do you like movies?
Felipe: Yes, I like them very much.
And you, what do you like?
Ana: I like flamenco. Don't you like it?
Felipe: No, I don't like it.
And what does your sister like?
Ana: She likes singing and dancing.
Felipe: And what do your parents like?
Ana: They like swimming.

어휘와 표현

- me gusta… 나는 …을 좋아한다
- película [여] 영화
- haces (너는) …을 하다
- los domingos 매주 일요일
- habitualmente 습관적으로
- voy a… (나는) …에 가다
- cine [남] 영화(관)
- con …와 함께
- mis amigos 나의 친구들
- ¿te gustan…? 너는 …을 좋아하니?
- ¿Qué te gusta? 너는 무엇을 좋아하지?
- flamenco [남] 플라멩꼬
- hermana [여] 여동생, 누나
- cantar 노래하다
- bailar 춤추다
- nadar 수영하다

Gramática 문법

1 동사 gustar

'…을 좋아하다'라는 표현에 동사 gustar를 사용하여 특이한 문장 구조를 갖게 된다.

Me	gusta	el fútbol.
나에게(간・목)	즐거움을 준다(동사)	축구가 (주어)

→ 나는 축구를 좋아한다.

위와 같이 [간접목적어+동사+주어]의 문장구조를 갖게 된다. el fútbol이 문법적 주어가 되고, me는 간접목적어가 되어 '축구가 나에게 즐거움을 준다'라는 의미를 갖게 되고, 결국 '나는 축구를 좋아한다'를 의미한다. 동사는 문법적 주어에 일치해야 하고, 간접목적어의 위치에는 간접목적대명사 me, te, le, nos, os, les 등을 사용한다.

Me	gusta el fútbol.	나는	축구를 좋아한다.
Te		너는	
Le		그(녀)는, 당신은	
Nos		우리들은	
Os		너희들은	
Les		그(녀)들은, 당신들은	

ex Me gusta el café. 나는 커피를 좋아한다.
Me gustan el fútbol y el tenis. 나는 축구와 테니스를 좋아한다.

부정사가 문법상의 주어, 즉 gustar의 주어로 사용될 수 있다.

ex Os gusta jugar al fútbol. 너희들은 축구하는 것을 좋아한다.
Le gusta cantar. 그(녀)는 노래하는 것을 좋아한다.

동사원형이 접속사로 연결되어 주어가 된 경우에는 복수로 간주하지 않고 단수로 간주하여 동사는 단수형 gusta가 된다.

ex Le gusta cantar y bailar. 그(녀)는 노래하고 춤추는 것을 좋아한다.

문법적 목적어인 간접목적대명사 me, te, le, nos, os, les 등의 의미를 강조하거나, 간접목적어의 의미를 구체적으로 나타내는 경우에는 중복형 (a mí, a ti, a él …) 등을 사용하거나, a mi madre, a Elena, a José 등과 같이 표현한다. 이 중복형은 대체로 간접목적대명사 앞에 위치한다.

ex **A mí** me gusta el café. 나는 커피를 좋아한다.
A mi madre le gusta cantar.
나의 어머니는 노래하는 것을 좋아하신다.
A María le gusta la canción. 마리아는 노래를 좋아한다.

2 gustar와 같은 구조의 동사

ex ▷ doler 아프다
Me duele la cabeza. 나는 머리가 아프다.

▷ encantar 매혹하다
A mí me encanta la paella. 나는 빠에야가 너무 좋아.

▷ faltar 부족하다
Nos falta tiempo para hacerlo.
그것을 하기에는 시간이 부족하다.

▷ interesar 흥미를 가지다
A Luis le interesa el fútbol. 루이스는 축구에 흥미가 있다.

3 수사: 서수

1°	primero(primer), primera	6°	sexto, -a
2°	segundo, -a	7°	séptimo, -a
3°	tercero(tercer), tercera	8°	octavo, -a
4°	cuarto, -a	9°	noveno, -a
5°	quinto, -a	10°	décimo, -a

서수는 주로 명사 앞에 위치하지만 명사 뒤에 위치하는 경우도 있다.

ex la tercera lección (=la lección tercera) 제3과

primero와 tercero는 남성 단수 명사 앞에서 각각 primer와 tercer로 어미가 탈락된다.

ex el primer día de enero 1월 1일
el tercer piso (=el piso tercero) 3층

Ejercicios 연습문제

01 다음 질문에 대답하시오.

(1) ¿Qué te gusta? -el fútbol. (너는 무엇을 좋아하니? -축구)

→ ______________________________

(2) ¿Qué le gusta a Juan? -el café. (후안은 무엇을 좋아하지? -커피)

→ ______________________________

(3) ¿Qué te gusta? -cocinar. (너는 무엇을 좋아하니? -요리하기)

→ ______________________________

(4) ¿Qué le gusta a Ana? -bailar. (아나는 무엇을 좋아하지? -춤추기)

→ ______________________________

02 다음 빈칸에 주어진 동사원형의 올바른 형태를 넣으시오.

(1) Nos __________ (faltar) cien euros para comprarlo.

(그것을 사려면 100 유로가 우리에게 부족하다.)

(2) Le _________ (doler) la cabeza.

(그는 머리가 아프다.)

(3) No me __________ (interesar) el español.

(나는 스페인어에 관심이 없어.)

(4) Nos __________ (gustar) ir a la playa.

(우리는 해변에 가는 것을 좋아한다.)

03 다음 문장을 스페인어로 옮기시오.

(1) 나는 커피를 좋아한다.

(2) 엘레나는 춤추기를 좋아한다.

(3) 나는 배가 아프다.

(4) 나는 축구에 관심이 있다.

정답

01 (1) Me gusta el fútbol. (2) Le gusta el café.
(3) Me gusta cocinar. (4) Le gusta bailar.

02 (1) faltan (2) duele (3) interesa (4) gusta

03 (1) Me gusta el café. (2) A Elena le gusta bailar.
(3) Me duele el estómago. (4) A mí me interesa el fútbol.

플라멩꼬 FLAMENCO

15세기 스페인 남부에 정착한 집시(gitano)들은 '플라멩꼬'라는 그들만의 음악을 만들어냈다. 집시들은 외부의 침략을 받아 인도의 북부지방으로부터 이주한 몇몇 부족들의 후손이라 할 수 있다. 쫓겨난 이 부족들은 유럽 각지로 흩어지게 되었고, 이들 중 한 부류인 집시가 스페인 남부 안달루시아 지역에 정착하였다.

집시들의 방랑문화는 그들만의 독특한 형식의 음악을 만들어냈고, 그 음악은 그들의 생활에 매우 중요한 것이었다. 화려하고 즉흥적이며 기교적 성향의 집시음악은 무어족의 문화, 그리고 유대·가톨릭의 문화와 융합하면서 수백년에 걸쳐 안달루시아의 음악으로 정착하게 되었다. 즉 오랫동안 이곳저곳을 떠돌아다니며 방랑생활을 하던 집시들은 안달루시아에 정착하여 살면서 삶의 고통과 정서를 노래와 춤으로 표현하게 되었다.

사람들이 집시음악에 대해 관심을 갖게 되면서, 음악적 교류가 이루어졌다. 집시의 음악을 수용하고 해석하게 되었으며, 이때부터 클래식 기타연주자와 플라멩꼬 무희들에 의해 스페인 특유의 음악으로 발전하게 된 것이다.

플라멩꼬는 노래, 춤, 기타연주, 그리고 '손뼉 치기(palmas)'와 '발 구르기'로 구성되어 있으며, 정적인 움직임과 동적인 힘이 분명한 이 춤에는 격렬한 가운데에서도 왠지 모를 슬픔이 짙게 배어 있다. 이것이 현재와 같은 정열적인 플라멩꼬로 발전하게 된 것이다.

플라멩꼬는 따블라오(tablao)라고 하는 전용 공연장에서 공연된다. 저녁식사를 하면서 관람하는 것이 보통이지만 음료만으로도 관람이 가능하다. 계산서에 관람료가 포함된다. 공연은 보통 밤 11시경부터 시작하여 다음 날 2~3시경에 끝난다. 수준이 높은 공연은 수도 마드리드와 플라멩꼬의 발상지 안달루시아(Andalucía)에서 볼 수 있다. 마드리드의 경우 마요르 광장의 여러 술집에서 중급 수준의 플라멩꼬를 즐길 수 있다. 고급 공연을 보려면 'Café de Chinitas'와 'Corral de la Moreria' 등과 같은 따블라오에 가야 하는데, 이곳은 오랜 역사를 자랑하는 유명한 곳이다.

Lección 12

Track 12

Hace buen tiempo.

José: ¿Qué tiempo hace hoy?

María: Hoy hace frío.

José: ¿Qué tiempo hace en Madrid?

María: En Madrid hace buen tiempo.

José: ¿Qué tiempo hace en verano?

María: En verano hace mucho calor.

José: ¿Y llueve mucho?

María: No, no llueve tanto.

José: ¿Qué tiempo hace en invierno?

María: En invierno casi siempre hace mal tiempo.
Hace tres días que llueve.

날씨가 좋습니다.

제 12 과

호세: 오늘 날씨는 어떻습니까?
마리아: 오늘은 춥습니다.
호세: 마드리드는 날씨가 어떻습니까?
마리아: 마드리드는 날씨가 좋습니다.
호세: 여름에는 날씨가 어떻습니까?
마리아: 여름에는 매우 덥습니다.
호세: 그리고 비가 많이 옵니까?
마리아: 아닙니다. 비가 그리 많이 오지는 않아요.
호세: 겨울에는 날씨가 어떻습니까?
마리아: 겨울에는 거의 항상 날씨가 좋지 않아요.
3일째 비가 오고 있군요.

The weather is good.

Jose: How's the weather today?
Maria: It's cold today.
Jose: What is the weather like in Madrid?
Maria: The weather is good in Madrid.
Jose: What is the weather like in summer?
Maria: It's very hot in summer.
Jose: And, does it rain much?
Maria: No, it doesn't rain so much.
Jose: What is the weather like in winter?
Maria: The weather is almost always bad in winter.
It has been raining for three days.

어휘와 표현

- buen 좋은 (bueno의 어미 탈락형)
- tiempo [남] 날씨
- hoy 오늘
- frío [남] 추위
- Hace frío. 날씨가 춥다.
- ¿Qué tiempo? 어떤 날씨?
- en Madrid 마드리드에는
- verano [남] 여름
- en verano 여름에는
- calor [남] 더위
- llueve 비가 오다
- mucho 많이, 몹시
- Llueve mucho. 비가 많이 온다.
- tanto 그토록
- invierno [남] 겨울
- casi 거의
- siempre 항상
- mal 나쁜 (malo의 어미 탈락형)
- tres 3
- día [남] 날, 일

Gramática 문법

1 날씨의 표현

날씨를 나타내는 표현에는 동사 hacer의 3인칭 단수 형태를 사용한다. 그리고 '비가 오다'와 '눈이 오다'라는 표현은 각각 동사 llover와 nevar의 3인칭 단수형을 사용한다.

ex
¿Qué tiempo hace hoy? 오늘 날씨가 어떻습니까?
Hace buen tiempo. 날씨가 좋습니다.
Hace mal tiempo. 날씨가 좋지 않습니다.
Hace (mucho) calor. (매우) 덥습니다.
Hace (mucho) frío. (매우) 춥습니다.
Hace (mucho) viento. 바람이 (많이) 붑니다.
Llueve (mucho). 비가 (많이) 내립니다.
Nieva (mucho). 눈이 (많이) 내립니다.
Hace buen tiempo, pero mañana va a hacer mal tiempo.
오늘 날씨가 좋습니다. 그러나 내일은 날씨가 나쁠 겁니다.

2 시간의 경과: [hace~ que…]

01 | [hace+시간+que…]라는 표현은 시간의 경과를 나타내며 '…한지 (시간)이 되다'라는 의미를 나타낸다.

ex
Hace tres días que llueve.
3일째 비가 오고 있다.
Hace seis meses que estudio español.
내가 스페인어를 공부한지 6개월이 되었다.

02 | '…한지 얼마나 되었습니까?'라고 묻는 의문문은 다음과 같다.

ex ¿Cuánto tiempo hace que estudias español?
네가 스페인어를 공부한 지 얼마나 되었지?

3 시간의 표현 [ser동사(es, son)+여성정관사(la, las)+기수]

01 | 한 시는 단수 형태로 표현하고 두 시 이상은 모두 복수형을 사용한다.

ex ¿Qué hora es? 몇 시입니까?
Es la una. 한 시이다.
Son las dos. 두 시이다.
Es la una y diez. 한 시 10분이다.
Es la una y cuarto. 한 시 15분이다.
Son las dos y veinte. 두 시 20분이다.
Son las once y media. 열한 시 반이다.

02 | 시간에 오전, 오후를 표현하기 위해서는 시간 뒤에 de la mañana (오전), de la tarde(오후), de la noche(밤) 등을 사용한다.

ex Son las ocho y media de la mañana. 오전 8시 반이다.
Son las cinco de la tarde. 오후 5시이다.

03 | '몇 시에'라고 표현할 경우에는 전치사 a를 시간 앞에 쓴다.

ex El avión llega a las siete y cuarto. 비행기는 7시 15분에 도착한다.
¿A qué hora sale el tren? 기차는 몇 시에 출발합니까?

스페인어 사용 국가

1. 스페인 (España)
2. 멕시코 (México)
3. 코스타리카 (Costa Rica)
4. 엘살바도르 (El Salvador)
5. 과테말라 (Guatemala)
6. 온두라스 (Honduras)
7. 니카라과 (Nicaragua)
8. 파나마 (Panamá)
9. 쿠바 (Cuba)
10. 도미니카 공화국 (la República Dominicana)
11. 푸에르토리코 (Puerto Rico)
12. 아르헨티나 (Argentina)
13. 볼리비아 (Bolivia)
14. 칠레 (Chile)
15. 콜롬비아 (Colombia)
16. 에콰도르 (Ecuador)
17. 파라과이 (Paraguay)
18. 페루 (Perú)
19. 우루과이 (Uruguay)
20. 베네수엘라 (Venezuela)
21. 적도기니공화국 (la República de Guinea Ecuatorial)
22. 미국령 버진아일랜드 (las Islas Vírgenes de Estados Unidos)

Ejercicios 연습문제

01 다음 질문에 대답하시오.

(1) ¿Qué tiempo hace hoy? (덥다)

(2) ¿Qué tiempo hace en Corea? (매우 춥다)

(3) ¿Qué tiempo hace en invierno? (눈이 온다)

02 다음 질문에 주어진 내용으로 대답하시오.

(1) ¿Qué hora es? (2시 15분)

(2) ¿Qué hora es? (오후 5시 20분)

(3) ¿Qué hora es? (오전 10시 30분)

(4) ¿A qué hora sale el tren? (4시 10분)

03 다음 문장을 우리말로 옮기시오.

(1) El tren sale a las ocho y veinte.

(2) Pedro viene a las tres.

(3) Llueve mucho en verano.

(4) Hace tres años que vivo en Corea.

정답

01 (1) Hoy hace calor. (2) Hace mucho frío en Corea.
(3) Nieva en invierno.

02 (1) Son las dos y cuarto. (2) Son las cinco y veinte de la tarde.
(3) Son las diez y media de la mañana.
(4) El tren sale a las cuatro y diez.

03 (1) 기차는 8시 20분에 출발한다. (2) 뻬드로는 3시에 온다.
(3) 여름에는 비가 많이 온다. (4) 나는 한국에 3년째 살고 있다.

스페인의 낮잠 시에스따 siesta

siesta(시에스따)는 스페인, 이탈리아, 그리스 등 지중해 연안 국가와 라틴아메리카의 일부 국가에서 점심식사 후에 자는 낮잠, 또는 낮잠을 자는 시간을 말한다. 시에스따의 시간은 나라마다 차이가 있는데, 스페인에서는 오후 2시부터 점심식사를 하고 식사를 마친 후 개인에 따라 짧게는 20~30분에서 길게는 1~2시간 정도 낮잠을 잔다. 점심식사 시간이 2시에서 4~5시까지인데 이 시간에 식사를 하고 낮잠을 자는 것이다.

스페인의 상점들은 오전 10시에 문을 열고 오후 8시에 문을 닫는다. 그러나 점심시간과 시에스따 시간인 2시에서 4~5시까지는 문을 열지 않는다. 백화점이나 대형마트들은 점심시간과 관계없이 하루 종일 문을 연다. 은행이나 관공서는 2시 이전에 하루 업무를 끝내는 경우가 많다.

스페인 사람들은 양적·질적으로 가장 중요한 점심식사를 집에서 하는 경우가 많다. 이 푸짐한 점심식사를 마치고 달콤한 낮잠을 자는 것은 어쩌면 자연스러운 현상이다. 즉 스페인은 따뜻하고 건조한 지중해성 기후와 푸짐한 점심식사, 그리고 향락을 즐기는 습성과 결부되어 나타난 문화이다.

그러나 세계화 추세와 다국적 기업의 진출로 여러 다른 문화가 스페인에 정착하면서 시에스따의 입지가 점점 좁아져왔다. 오랜 낮잠과 업무공백으로 인해 효율이 떨어지는 것은 물론, 국가경제의 생산성에도 차질이 빚어지고 있기 때문에 시에스따를 폐지해야 한다는 폐지론자들이 적지 않았다. 이와는 반대로 옹호론자들은 시에스따가 오랜 전통인데다가 스페인 민족의 정체성과 원기 회복, 대인관계 형성 등을 위해 유지되어야 한다고 주장하고 있다.

Track 13

Lección 13

¿Qué te parece si vamos al cine?

María: ¿Qué te parece si vamos al cine?

José: Una buena idea. Pero, tengo hambre.

María: ¿Te apetece tomar algo?

José: Sí. Vamos a entrar en esta cafetería.

(Se sientan a la mesa.)

Camarero: ¿Qué desean?

María: Sírvanos dos tazas de café con leche.

Camarero: ¿Qué van a tomar con el café con leche?

María: Dos raciones de churros, por favor.

José: Mira, ¿sabes dónde está Elena?

María: No lo sé. Recientemente no la veo.

제 13 과

우리 영화관에 가는 게 어때?

마리아: 우리 영화관에 가는 게 어때?
호세: 좋은 생각이야. 그런데 나는 배가 고파.
마리아: 뭐 좀 먹고 싶어?
호세: 그래. 이 까페떼리아에 들어가자.

(그들은 탁자에 앉는다.)
웨이터: 무엇을 드시겠습니까?
마리아: 밀크커피 두 잔 주세요.
웨이터: 밀크커피와 함께 무엇을 드시겠습니까?
마리아: 추로 2인분 주세요.
호세: 이봐, 엘레나가 어디 있는지 알아?
마리아: 모르겠는데. 요즘 그녀가 안 보여.

What about going to the cinema?

Maria: What about going to the cinema?
Jose: That's a good idea. But I'm hungry.
Maria: Do you feel like eating?
Jose: Yes. Let's go into this cafeteria.

(They sit down at table.)
Waiter: What would you like?
Maria: Two cups of white coffee, please.
Waiter: What are you going to eat with the white coffee?
Maria: Two portions of churros, please.
Jose: Look, do you know where Elena is?
Maria: No, I don't know. I haven't seen her lately.

어휘와 표현

- parece …처럼 보이다
- vamos (우리는) 간다
- tengo (나는) 갖고 있다
- hambre [여] 배고픔
- tener hambre 배고프다
- apetece …하고 싶다
- tomar 먹다, 마시다
- algo 무엇인가
- entrar en …에 들어가다
- se sientan (그들은) 앉는다
- camarero [남] 웨이터
- desear 원하다
- sírvanos 우리에게 …해주다
- taza [여] 잔
- café con leche 밀크커피
- ración [여] 1회분
- churro [남] 추로
- ¿sabes? (너는) 알아?
- No lo sé. 나는 모르겠다.
- recientemente 최근에
- veo (나는) 본다

Gramática 문법

1 불규칙 동사: conocer / parecer

	parecer (…같다)	conocer (알다)
yo	parezco	conozco
tú	pareces	conoces
él	parece	conoce
nosotros	parecemos	conocemos
vosotros	parecéis	conocéis
ellos	parecen	conocen

01 | 어미 -cer, -cir의 바로 앞에 모음이 있으면 1인칭 단수의 형태는 -zco가 된다. 다음과 같은 동사들이 이러한 형태를 갖게 된다.

traducir 번역하다	conducir 운전하다
nacer 태어나다	apetecer 탐을 내다

ex
Conduzco automóvil. 나는 운전한다.
Me apetece tomar algo. 나는 뭐 좀 먹고 싶다.

02 | ¿Qué te(os, le, les) parce si…?는 '만일 …하면 너(너희들, 그, 그들)는 어떨까?', 즉 '…하는 게 어때?'라는 권유의 표현이다.

ex
¿Qué te parece si tomamos cerveza?
우리 맥주를 마시는 게 어때?
¿Qué te parece si vamos al cine?
우리 영화 보러 가는 게 어때?

03 | conocer는 '(경험적으로) 알고 있다'라는 의미로 saber '(지식적으로) 알다'와는 구별해야 한다. conocer의 목적어로는 사람이나 지명이 온다.

ex ¿Conoces a Elena? 너는 엘레나를 알고 있니?
¿Conoce usted París? 당신은 파리에 가본 적이 있습니까?

2 불규칙 동사: saber / ver

	saber (알다)	ver (보다)
yo	sé	veo
tú	sabes	ves
él	sabe	ve
nosotros	sabemos	vemos
vosotros	sabéis	veis
ellos	saben	ven

01 | saber는 앞에서 본 conocer와는 달리 '지식적으로 알다'라는 의미를 갖고 있다.

ex ¿Sabes que te quiero? 너는 내가 너를 사랑한다는 것을 알고 있지?
¿Sabes dónde está Elena? 너는 엘레나가 어디에 있는지 알아?

02 | [saber+동사원형] …할 줄 안다

ex Él sabe conducir automóvil. 그는 운전할 줄 안다.
Sé tocar el piano. 나는 피아노를 칠 줄 안다.

03 | [saber+a] …맛이 나다

ex Esto sabe a naranja. 이것은 오렌지 맛이 난다.

04 | 동사 ver는 '보다'라는 의미를 갖고 있지만 '만나다'라는 의미로 자주 사용된다.

ex No la veo a María. 나는 마리아를 보지 못한다.
¿Le ve al señor López a menudo? 로뻬스 씨를 자주 만납니까?

3 중성 대명사 lo

01 | ser, estar, parecer와 함께 주로 형용사를 대신한다.

ex ¿Ella es simpática? -Sí, lo es. 그녀는 친절합니까? 네, 그렇습니다.
¿Están enfermas? -Sí, lo están. 그녀들은 아픕니까? 네, 그렇습니다.

02 | 앞에서 언급한 것 전체를 가리키며, '그것', '그러한 것'을 의미한다.

ex ¿Sabes dónde está Elena? -No lo sé.
너는 엘레나가 어디 있는지 알아? 나는 (그것을) 모르겠어.

Ejercicios 연습문제

01 다음 빈칸에 conocer나 saber의 올바른 형태를 넣으시오.

(1) Yo ________ dónde está tu madre.
(나는 너의 어머니가 어디 계시는지 알고 있다.)

(2) Yo ________ a Juan.
(나는 후안을 알고 있다.)

(3) Este zumo ________ a naranja.
(이 주스는 오렌지 맛이 난다.)

02 다음의 예처럼 의문문에 대답하시오.

> ¿Conoces a Julia? (sí) → Sí, la conozco.
> (너는 훌리아를 아니? → 그래, 나는 그녀를 알아.)

(1) ¿Ves a Isabel? (sí) →________________

(2) ¿Lo sabe usted? (no) →________________

(3) ¿Julia conoce a Luis? (sí) →________________

03 다음을 우리말로 옮기시오.

(1) ¿Conoces España? →________________

(2) Le conozco muy bien. →________________

(3) ¿Usted ve a Fernando? →________________

정답

01 (1) sé (2) conozco (3) sabe
02 (1) Sí, la veo. (2) No, no lo sé. (3) Sí, ella le(lo) conoce.
03 (1) 너는 스페인에 가본 적이 있니? (2) 나는 그를 매우 잘 안다.
(3) 당신은 페르난도를 만납니까?

바르 bar

스페인을 이해하려면 바르의 분위기를 알아야 한다고 말할 정도로 스페인 사람들에게 바르는 필수적인 장소이다. 스페인의 바르는 카페이자 술집이며, 또 음식점이기도 하며, 동네 주민들의 만남의 장소이고 사교의 장이 된다. 이러한 바르는 동네 골목골목마다 있으며, 남녀노소 모두 아무 부담 없이 편하게 이용하는 휴식공간의 역할도 하고 있다. 따라서 스페인 사람은 시간만 있으면 바르에 가서 마시고 먹고 얘기를 나눈다. 바르에 가면 항상 아는 사람이 있기 때문에 얘기를 나눌 수 있다.

스페인 모든 지역에 바르가 있고 연중무휴로 문을 연다. 아침 일찍 7시경부터 문을 열어 밤 12시가 지나고 새벽 1시나 2시가 지나야 문을 닫는다.

추로

아침 출근길에 들어가 추로로 가벼운 아침식사를 할 수 있고, 간식, 그리고 군것질, 그리고 커피, 술 등 모든 것을 해결할 수 있는 편리한 곳이다. 여유롭게 얘기를 즐기는 스페인 사람의 전형적인 분위기를 느낄 수 있는 장소이다.

Track 14

Lección 14

Es más cara que esta.

Dependiente: Buenas tardes. ¿En qué puedo ayudarla?

Marisol: Quiero comprar esta corbata. ¿Cuánto es?

Dependiente: Son 50 euros.

Marisol: Y aquella, ¿cuánto es?

Dependiente: 70 euros. Es más cara que esta.

Marisol: ¡Qué cara!

Dependiente: Sí, es la corbata más cara de la tienda.

Marisol: Me gusta mucho. ¿Me puede hacer un descuento?

Dependiente: Lo siento, señora. No puedo.

Marisol: Bueno, me la llevo. Envuélvala para regalo, por favor.

Dependiente: Sí, señora.

제 14 과

이것보다 더 비싸요.

판매원: 안녕하세요. 무엇을 도와드릴까요?
마리솔: 이 넥타이를 사려고 합니다. 얼마에요?
판매원: 50 유로입니다.
마리솔: 그럼 저것은 얼마예요?
판매원: 70 유로입니다. 이것보다 더 비쌉니다.
마리솔: 정말 비싸군요!
판매원: 네, 이 가게에서 가장 비싼 넥타이입니다.
마리솔: 아주 마음에 들어요. 할인해줄 수 있어요?
판매원: 죄송합니다. 손님. 그렇게 할 수 없습니다.
마리솔: 좋아요. 그것으로 하겠어요. 선물용으로 포장 해주세요.
판매원: 네, 손님.

It is more expensive than this.

Salesman: Good afternoon. May I help you?
Marisol: I would like to buy this necktie. How much is it?
Salesman: Fifty euros.
Marisol: And that necktie, how much is it?
Salesman: Seventy euros. It is more expensive than this.
Marisol: ¡How expensive!
Salesman: Yes, it is the most expensive thing in this store.
Marisol: I like it so much. Could you give me a discount?
Salesman: Sorry, ma'am. I can't.
Marisol: Ok. I'll take it. Gift-wrap it, please.
Salesman: Yes, ma'am.

어휘와 표현

- más 더
- caro,-ra 비싼
- dependiente [남] 종업원
- ayudar 도와주다
- comprar 사다
- corbata [여] 넥타이
- ¿Cuánto es? 얼마입니까?
- ¡Qué cara! 정말 비싸군요!
- tienda [여] 점포, 가게
- Me gusta. 마음에 듭니다.
- Me la llevo. 그것을 사겠습니다.
- hacer un descuento 할인해주다
- Envuélvala. 그것을 포장해주세요.
- envolver 포장하다

쇼핑에 필요한 표현

¿Cuánto es? 얼마입니까?
¿Dónde está la caja? 계산대가 어디 있습니까?
¿Están de rebajas? 세일 중입니까?
¿Hay otro más barato? 값이 싼 다른 것 있습니까?
¿Puedo usar la tarjeta de crédito? 신용카드를 사용할 수 있습니까?
El recibo, por favor. 영수증을 부탁합니다.
Envuélvalo para regalar, por favor. 선물용으로 포장해주세요.

Gramática 문법

1 비교급

01 | 우등비교: ~보다 더 …하다

más + 형용사 + que

ex

Esta corbata es más cara que aquella.

이 넥타이는 저것보다 더 비싸다.

Eres más alto que yo.

너는 나보다 키가 더 크다.

02 | 열등비교급: ~보다 덜 …하다

menos + 형용사 + que

ex

Esta corbata es menos cara que aquella.

이 넥타이는 저것보다 덜 비싸다.

Eres menos alto que yo.

너는 나보다 키가 덜 크다.

03 | 동등비교: ~만큼 …하다

tan + 형용사 + como

ex

Esta corbata es tan cara como aquella.

이 넥타이는 저것만큼 비싸다.

Eres tan alto como yo.

너는 나만큼 키가 크다.

2 최상급

01 | 우등최상급: ~중에서 가장 …하다

정관사 + más + 형용사 + 전치사(entre, de)

ex Esta corbata es la más cara de la tienda.

이 넥타이가 이 가게에서 가장 비쌉니다.

Juan es el más alto de la clase.

후안이 반에서 가장 키가 큽니다.

02 | 열등최상급: ~중에서 가장 덜 …하다

정관사 + menos + 형용사 + 전치사(entre, de)

ex Esta corbata es la menos cara de la tienda.

이 넥타이가 이 가게에서 가장 쌉니다.

Juan es el menos alto de la clase.

후안이 반에서 가장 키가 작습니다.

03 | 절대최상급

모음으로 끝나는 형용사에는 그 모음을 삭제하고 -ísimo를 부가하고, 자음으로 끝나는 형용사에는 어미에 -ísimo를 붙여 절대최상급을 만들며, 그 의미는 '매우 …한'이 된다. 이와 함께 [muy+형용사]도 절대최상급이 된다.

ex alto → altísimo 매우 예쁜 (muy alto)

caro → carísimo 매우 비싼 (muy caro)

3 감탄문

01 | ¡Qué+명사!

ex
¡Qué casualidad! 정말 뜻밖의 우연이구나!
¡Qué frío! 정말 춥구나!

02 | ¡Qué+형용사!

ex
¡Qué mono! 정말 귀엽구나!
¡Qué amable! 얼마나 친절한지!

Ejercicios 연습문제

01 다음 문장의 빈칸에 적당한 단어를 넣으시오.

(1) Mi amigo es ________ alto que yo.
(내 친구가 나보다 키가 더 크다.)

(2) Yo soy ________ guapa como Julia.
(나는 훌리아만큼 예쁘다).

(3) María es ________ bonita del pueblo.
(마리아가 마을에서 제일 예쁘다.)

02 예와 같이 비교급 문장을 만드시오.

> Esa habitación es grande. (그 방은 크다.)
> → Esta es más grande que esa. (이 방이 그 방보다 더 크다.)

(1) Ese edificio es alto. (그 건물은 높다.)
→ ______________________________

(2) Esa cama es cómoda. (그 침대는 편안하다.)
→ ______________________________

(3) Esa chica es guapa. (그 소녀는 예쁘다.)
→ ______________________________

03 예와 같이 최상급 문장을 만드시오.

> Esa chica es más alta. (그 소녀가 키가 더 크다.)
> → Esa es la más alta de todas. (그 소녀가 전체에서 가장 키가 크다.)

(1) Ese señor es más serio. (그 분이 더 진지하다.)

→ ______________________

(2) Esa cama es más cómoda. (그 침대가 더 편안하다.)

→ ______________________

(3) Esa chica es guapa. (그 소녀가 더 예쁘다.)

→ ______________________

정답

01 (1) más (2) tan (3) la más

02 (1) Este es más alto que ese. (2) Esta es más cómoda que esa.
(3) Esta es más guapa que esa.

03 (1) Ese es el más serio de todos. (2) Esa es la más cómoda de todas.
(3) Esa es la más guapa de todas.

Track 15

Lección 15

Me levanto a las seis.

María: José, ¿a qué hora te levantas?

José: Habitualmente me levanto a las seis de la mañana.

María: Y después ¿qué haces?

José: Voy al cuarto de baño, me lavo y me afeito.

María: Y después de eso, ¿qué?

José: Me peino y me visto.

María: ¿Te pones el abrigo?

José: Sí, en invierno me pongo el abrigo.

María: Pues, ¿a qué hora te acuestas?

José: Me acuesto a las once de la noche.

나는 6시에 일어난다.

마리아: 호세, 몇 시에 일어나니?
호세: 보통 나는 아침 여섯 시에 일어나.
마리아: 그 후에는 무엇을 하지?
호세: 화장실에 가서, 씻고 면도하지.
마리아: 그리고는 무엇을 하지?
호세: 머리를 빗고, 옷을 입어.
마리아: 외투를 입니?
호세: 그래, 겨울에는 외투를 입어.
마리아: 그럼 몇 시에 자니?
호세: 나는 밤 11시에 자.

I get up at six o'clock.

Maria: Jose, what time do you get up?
Jose: I usually get up at six in the morning.
Maria: And then, what do you do?
Jose: I go to the bathroom, I wash myself and I shave myself.
Maria: And after that, what do you do?
Jose: I comb my hair and I dress myself.
Maria: Do you wear an overcoat?
Jose: Yes, I wear an overcoat in winter.
Maria: Then, what time do you go to bed?
Jose: I go to bed at 11 p.m.

어휘와 표현

- me levanto 나는 일어난다
- a las seis 6시에
- ¿a qué hora? 몇 시에?
- te levantas 너는 일어난다
- de la mañana 아침의, 오전의
- después 후에
- cuarto de baño [남] 화장실
- me lavo 나는 씻는다
- me afeito 나는 면도한다
- después de… …후에
- me peino 나는 머리를 빗는다
- me visto 나는 옷을 입는다
- te pones… 너는 …을 입는다
- abrigo [남] 외투
- en invierno 겨울에
- me pongo… 나는 …을 입는다
- te acuestas 너는 잠자리에 든다
- me acuesto 나는 잠자리에 든다

옷·신 등을 입다 ⇔ 옷·신 등을 벗다

Me **pongo** la chaqueta. 나는 재킷을 입는다.	⇔	Me **quito** la chaqueta. 나는 재킷을 벗는다.
Me **pongo** el sombrero. 나는 모자를 쓴다.	⇔	Me **quito** el sombrero. 나는 모자를 벗는다.
Me **pongo** la corbata. 나는 넥타이를 맨다.	⇔	Me **quito** la corbata. 나는 넥타이를 푼다.
Me **pongo** los zapatos. 나는 구두를 신는다.	⇔	Me **quito** los zapatos. 나는 구두를 벗는다.

Gramática 문법

1 재귀대명사

'재귀'라고 하는 것은 주어가 행한 행위가 주어 자신에게 돌아오는 것을 의미한다. 따라서 재귀동사는 그 동사의 행위가 주어에게 돌아오는 것을 말하며, '자기 자신에게'를 의미하는 재귀대명사가 함께 있어야 한다. 즉, '…을 씻다'라는 의미를 갖고 있는 타동사 lavar에 재귀대명사 se를 붙이면 lavarse가 되고, 이 재귀동사는 '자기 자신을 씻다', 즉 '씻다'라는 의미를 가진 재귀동사가 된다.

	단수	복수
1인칭	me 나 자신을, 나 자신에게	nos 우리들 자신을, 우리들 자신에게
2인칭	te 너 자신을, 너 자신에게	os 너희들 자신을, 너희들 자신에게
3인칭	se 그[그녀, 당신] 자신을 / 자신에게	se 그들[그녀들, 당신들] 자신을 / 자신에게

재귀대명사 se는 직접목적어와 간접목적어의 기능을 갖고 있다.

01 | 동사의 직접목적어: 행동을 받는 자기 자신이 직접목적어가 되며 '자신을'이라는 의미가 되며, 위치는 직접목적대명사와 같다

casarse 자신을 결혼시키다 → 결혼하다
Me caso. 나는 나를 결혼시킨다. → 나는 결혼한다.

lavarse 자신을 씻는다 → 씻는다
Me lavo. 나는 나를 씻는다. → 나는 씻는다.

02 | 동사의 간접목적어: 동사의 행동을 받는 여격이 되며 '자신에게'라는 의미를 갖게 되며 위치는 간접목적대명사와 같다. 직접목적어와 함께 있는 경우에는 목적대명사의 용법처럼 [간접목적대명사+직접목적대명사]의 순서를 지킨다.

> lavarse las manos **자신에게** 손을 씻어주다 → (자신의) 손을 씻다
> ponerse el abrigo **자신에게** 외투를 입히다 → 외투를 입다

ex
Me lavo las manos. 나는 손을 씻는다.
Me pongo el abrigo. 나는 외투를 입는다.

2 재귀동사의 변화

lavarse(씻다)의 동사 변화

	단수	복수
1인칭	me lavo	nos lavamos
2인칭	te lavas	os laváis
3인칭	se lava	se lavan

ex
Me acuesto muy temprano. 나는 매우 일찍 잔다.
Me despierto muy temprano. 나는 매우 일찍 잠을 깬다.
Me pongo el abrigo. 나는 외투를 입는다.
Me llamo Felipe. 나의 이름은 펠리뻬입니다.

3 부사

형용사에 부사어미 -mente를 첨가하여 부사를 만든다. 이것은 영어의 부사 어미 -ly에 해당한다. 단 어미가 -o인 형용사는 -o를 -a로 바꾸고 -mente를 첨가해야 한다.

ex
claro (명확한) → claramente (명확하게)
cómodo (편안한) → cómodamente (편안하게)
general (일반적인) → generalmente (일반적으로)

Ejercicios 연습문제

01 동사 sentarse의 변화형태를 쓰시오.

	단수	복수
1인칭		
2인칭		
3인칭		

02 주어에 따라 동사의 적합한 형태를 넣으시오.

Usted ________(levantarse) a las seis. (당신은 6시에 일어납니다.)
→Usted se levanta a las seis.

(1) Yo __________(levantarse) a las seis.
(2) Tú __________(levantarse) a las seis.
(3) Ellos __________(levantarse) a las seis.
(4) Julia __________(levantarse) a las seis.

03 빈칸에 필요한 경우에 인칭대명사나 재귀대명사를 넣으시오.

(1) Yo _________ llamo José. (제 이름은 호세입니다.)
(2) Nosotros ________ ponemos el abrigo. (우리는 외투를 입는다.)
(3) Ella _______ lava las manos. (그녀는 손을 씻는다.)
(4) Felipe ________ sienta aquí. (펠리뻬는 여기 앉는다.)

정답

01.

	단수	복수
1인칭	me siento	nos sentamos
2인칭	te sientas	os sentáis
3인칭	se sienta	se sientan

02 (1) me levanto (2) te levantas (3) se levantan (4) se levanta

03 (1) me (2) nos (3) se (4) se

Track 16

Lección 16

Quiero que vengas conmigo.

María: Mañana voy a la corrida de toros.

José: ¡Que bien!

María: Quiero que vengas conmigo.

José: Gracias. ¡Qué chica tan simpática!

María: Quiero que haga buen tiempo mañana.

José: No te preocupes. Mañana hará buen tiempo.

María: Creo que sí.
En Sevilla hace un tiempo espléndido.

José: Eso es. Es normal que haga buen tiempo.

María: Pero, ¡hace tanto calor en verano!

José: Quiero que mañana lo pasemos muy bien.

제16과

너도 나와 함께 갔으면 해.

마리아: 나는 내일 투우를 보러 갈 거야.
호세: 정말 좋겠다!
마리아: 너도 나와 함께 갔으면 좋겠는데.
호세: 고맙다. 너 정말 착한 애구나!
마리아: 내일 날씨가 좋았으면 해.
호세: 걱정하지 마. 내일 날씨는 좋을 거야.
마리아: 나도 그렇게 생각해.
세비야는 날씨가 매우 좋아.
호세: 맞아. 날씨가 좋은 것이 정상이지.
마리아: 그러나, 여름에는 너무 더워!
호세: 내일 우리가 재미있게 지내면 좋겠다.

I want you to come with me.

Maria: Tomorrow I will go to the bullfighting.
Jose: That's fine!
Maria: I want you to come with me.
Jose: Thank you. You are so nice!
Maria: I hope the weather will be good tomorrow.
Jose: Don't worry. The weather will be nice tomorrow.
Maria: I think so.
There is good weather in Sevilla.
Jose: That's right. It is normal that the weather is good.
Maria But, it is so hot in summer!
Jose: I want to have fun with you tomorrow.

어휘와 표현

- quiero (내가) 원하다
- vengas (네가) 오기를
- conmigo 나와 함께
- mañana 내일
- corrida de toros [여] 투우
- ¡Que bien! 정말 좋다!
- tan 그토록, 매우
- simpático,-ca 착한
- haga hacer의 접속법 현재
- buen tiempo 좋은 날씨
- No te preocupes. 걱정하지 마.
- hará hacer의 미래
- Creo que sí. 나도 그렇게 생각해.
- epléndido 빛나는, 눈부신
- Eso es. 그렇다.
- normal 정상적인
- pero 그러나
- verano [남] 여름
- tanto,-ta 그만큼의
- pasemos pasar의 접속법 현재

투우장

Gramática 문법

1 접속법의 개념

직설법이 객관적・사실적인 행위를 기술하는 반면에, 접속법은 희망, 욕망, 가정 등을 표현할 경우에 사용된다. 접속법은 주로 종속절에서 사용되지만 주절이나 독립절에서도 사용된다.

ex Hace buen tiempo. 날씨가 좋다.
Quiero que haga buen tiempo. 나는 날씨가 좋기를 원한다.

Quiero comer helado. 나는 아이스크림을 먹고 싶다.
Quiero que tú comas helado.
나는 네가 아이스크림을 먹기를 원한다.

2 접속법 현재의 동사변화

제1변화 동사에서는 직설법 1인칭 단수 hablo의 -o를 -e로, 제2・3변화 동사에서는 -o를 -a로 바꾼 것과 같다.

hablar	comer	vivir
habl**e**	com**a**	viv**a**
habl**es**	com**as**	viv**as**
habl**e**	com**a**	viv**a**
habl**emos**	com**amos**	viv**amos**
habl**éis**	com**áis**	viv**áis**
habl**en**	com**an**	viv**an**

접속법 현재의 불규칙 동사변화는 다음과 같다.

tener (tengo)	hacer (hago)	salir (salgo)	venir (vengo)
tenga	haga	salga	venga
tengas	hagas	salgas	vengas
tenga	haga	salga	venga
tengamos	hagamos	salgamos	vengamos
tengáis	hagáis	salgáis	vengáis
tengan	hagan	salgan	vengan

3 접속법 현재의 용법

01 | 목적절의 명사절

ex Quiero que no llueva mañana.
나는 내일 비가 오지 않기를 바란다.
Quiero que vengas a mi casa.
나는 네가 우리 집에 오기를 바란다.
No creo que él sea japonés.
나는 그가 일본인이라고 믿지 않는다.

02 | 무인칭 표현의 명사절

ex Es posible que José lo haga. 호세가 그것을 할 가능성이 있다.
Puede que llueva. 비가 올지도 모른다.
Es mejor que lo hagas. 네가 그것을 하는 것이 더 좋겠다.

03 | 형용사절

ex Busco un hombre que hable inglés.
나는 영어를 하는 남자를 구한다.
Necesito un piso que tenga mucho sol.
나는 햇빛이 잘 드는 아파트가 필요하다.

Quiero un asiento que esté cerca de la salida.

나는 출구 가까이 있는 자리를 원한다.

04 | 부사절

ex

Yo abro la puerta para que entre el niño.

아이가 들어오도록 나는 문을 연다.

En caso de que no puedas venir, llama por teléfono.

네가 올 수 없는 경우에는 전화해라.

No voy a menos que tú quieras.

네가 원하지 않으면 나는 가지 않겠다.

Ella lleva el paraguas no sea que llueva.

비가 올까봐 그녀는 우산을 갖고 있다.

Voy a terminar el trabajo antes de que ella llegue.

나는 그녀가 도착하기 전에 일을 마치려 한다.

Cuando llegue a Madrid, me va a llamar.

그가 마드리드에 도착하면 나에게 전화할 거야.

Ejercicios 연습문제

01 다음 문장을 예와 같이 접속법 문장으로 바꾸시오.

> Tú estás aquí. (너는 여기 있다.)
> → Quiero que tú estés aquí. (나는 네가 여기 있기를 바란다.)

(1) Ella me escribe. (그녀가 나에게 편지를 쓴다.)

(2) Llueve mucho. (비가 많이 온다.)

(3) Ella compra un coche. (그녀가 자동차를 산다.)

(4) Tú estudias mucho. (너는 열심히 공부한다.)

02 다음 두 문장을 연결하여 한 문장으로 만드시오.

> Buscamos una secretaria. Debe hablar español.
> (우리는 여비서를 구한다. 그녀는 스페인어를 해야 한다.)
> → Buscamos una secretaria que hable español
> (우리는 스페인어를 하는 비서를 구한다.)

(1) Necesito un piso. El piso debe estar cerca del metro.
(우리는 아파트가 필요하다. 아파트는 지하철 가까이 있어야 한다.)

(2) Busco un estudiante. Debe tocar el piano.
(나는 학생을 찾는다. 그는 피아노를 쳐야 한다.)

(3) Quiero un asiento. Debe estar cerca de la puerta.
(나는 좌석 하나를 원한다. 그 좌석은 문 가까이 있어야 한다.)

03 괄호 안의 동사원형을 알맞은 형태로 만드시오.

(1) Vamos a salir antes de que __________(llegar) ellos.

(그들이 도착하기 전에 우리는 나갈 것이다.)

(2) Trabajo mucho para que tú __________(estudiar).

(나는 네가 공부하도록 열심히 일한다.)

(3) Cuando ___________(llegar) a Seúl, llámame, por favor.

(서울에 도착하면 전화해줘.)

정답

01 (1) Quiero que ella me escriba.

(2) Quiero que llueva mucho.

(3) Quiero que ella compre un coche.

(4) Quiero que tú estudies mucho.

02 (1) Necesito un piso que esté cerca del metro.

(2) Busco un estudiante que toque el piano.

(3) Quiero un asiento que esté cerca de la puerta.

03 (1) lleguen (2) estudies (3) llegues

투우 Corrida de Toros

스페인의 투우는 매년 봄 부활제의 일요일부터 10월까지 매주 일요일에 마드리드・바르셀로나・세비야 등의 도시에 있는 투우장에서 개최된다.

나팔소리가 투우의 시작을 알리면, 투우사와 보조원들이 나와 관중들에게 인사를 한다. 뻬네오(peneo)가 투우장의 문을 열고, 투우사와 싸울 소가 입장한다. 투우사는 커다란 까뽀떼(capote)를 두르고 소를 맞이한다. 거칠게 숨을 몰아쉬며 달려드는 소를 한두 번 패스(pase)하고는 보조원에게 맡긴다. 이어서 삐까도르(picador)가 말을 타고 등장하고, 소는 말을 향하여 달려든다. 이때 삐까도르는 소의 등을 창으로 찌르고, 소는 더욱 흥분하여 날뛰게 된다. 삐까도르의 임무가 끝나면 퇴장하고, 반데릴레로(banderillero)가 등장하여 소의 돌진을 피하면서 2개씩 세 차례, 6개의 작살을 차례로 소의 등에 꽂는다. 작살이 꽂힐 때마다 소는 더욱 미쳐 날뛰고, 관중도 흥분하게 된다. 여기서부터 투우의 진정한 멋과 예술을 만끽할 수 있다.

주역인 마따도르(matador)가 검과 물레따(muleta)라고 하는 막대기에 감은 붉은 천을 들고 소를 유인하면서 교묘하게 몸을 피하면서 소와 아슬아슬한 장면을 연출한다. 가능한 한 소와 가까이서 물레따(muleta)로 소를 유인한다. 위협적인 뿔을 앞세운 소를 몸 옆으로 스칠 듯이 통과시키는 아슬아슬한

연기는 투우사의 실력과 인기를 판단하는 기준이 된다. 관중은 명연기가 펼쳐질 때마다 '올레(¡Ole!)'라는 환호성을 지른다. 좌장의 신호와 함께 트럼펫 소리가 울려 퍼지며 최후의 순간을 알린다. 긴 칼로 바꿔든 투우사는 경기장의 한복판으로 나가 소와 일대일로 맞선다. 투우사는 돌진해 오는 소 등의 작은 급소를 칼로 찌른다. 정확히 명중하면 1미터 길이의 칼이 심장을 관통하고, 소는 입과 코로 피를 토한다. 잠시 후 소는 쓰러져 죽게 된다. 투우사의 연기가 훌륭했다면 관중들은 하얀 손수건을 흔들고, 투우사는 소의 귀를 전리품으로 받는다. 투우사의 연기가 정말 훌륭했다면 소의 양귀를, 더 훌륭했다면 소의 꼬리까지 받는다. 소의 꼬리는 투우사에게는 더없는 영광이 된다.

이런 과정이 여섯 번 반복되면 그날의 투우가 끝난다. 즉 세 명의 투우사가 각각 두 마리의 소를 죽이는데, 때때로 쇠뿔에 받혀 중상을 입거나 죽는 경우도 있다.

Track 17

Lección 17

No des disculpas.

Antonio: María, lo siento.
No puedo ir a la fiesta de tu cumpleaños.

María: ¿Por qué?

Antonio: La verdad es que tengo que ir a Valencia urgentemente.

María: No me expliques. Te conozco muy bien.

Antonio: Por favor, déjame que te lo explique.

María: Por favor, Antonio, no des disculpas.

Antonio: No seas tonta. Hasta luego.

María: Hasta luego.

변명하지 마.

제 17 과

안또니오: 마리아, 미안해.
네 생일 파티에 갈 수가 없어.
마리아: 왜?
안또니오: 사실은 급히 발렌시아에 가야 하거든.
마리아: 변명하지 마. 나는 너를 잘 알아.
안또니오: 제발 설명 좀 하게 해줘.
마리아: 안또니오, 제발 핑계 대지 마.
안또니오: 바보처럼 그러지 마. 나중에 보자.
마리아: 나중에 봐.

Don't try to explain.

Antonio: Maria, I'm sorry.
I can't go to your birthday party.
Maria: Why?
Antonio: Because I have to go to Valencia urgently.
Maria: You don't have to apologize.
I know you very well.
Antonio: Please let me explain to you.
Maria: Please, Antonio, you don't have to apologize.
Antonio: Don't be a fool. See you later.
Maria: See you later.

어휘와 표현

- des dar의 명령법
- disculpa [여] 변명, 핑계
- Lo siento. 미안하다.
- fiesta [여] 파티, 축제
- cumpleaños [남] 생일
- ¿Por qué? 왜?
- verdad [여] 사실
- la verdad es que… 사실은 …이다
- tengo que ir (나는) 가야 한다
- tener que+동사원형 …해야 한다
- urgentemente 급히
- No me expliques. 나에게 변명하지 마.
- conozco (나는) 안다
- déjame 나를 내버려둬라
- explique explicar의 접속법 현재
- te lo explique 너에게 그것을 설명하도록
- No des disculpas. 핑계대지 마라.
- tonto,-ta 바보같은, 멍청한
- No seas tonta. 바보처럼 그러지 마.
- Hasta luego. 나중에 보자.

Gramática 문법

1 명령법

01 | 명령법의 동사 변화

		hablar		lavarse	
		긍정명령	부정명령	긍정명령	부정명령
단수	1인칭	xxx	xxx	xxx	xxx
	2인칭	habla	no hables	lávate	no te laves
	3인칭	hable	no hable	lávese	no se lave
복수	1인칭	hablemos	no hablemos	lavémonos	no nos lavemos
	2인칭	hablad	no habléis	lavaos	no os lavéis
	3인칭	hablen	no hablen	lávense	no se laven

02 | 긍정명령과 부정명령의 동사형태

tú	긍정명령	Habla. (너) 말해라.
	부정명령	No hables. (너) 말하지 마라.
vosotros	긍정명령	Hablad. (너희들) 말해라.
	부정명령	No habléis. (너희들) 말하지 마라.
usted	긍정명령	Hable (usted). 말씀하세요.
	부정명령	No Hable (usted). 말씀하지 마세요.
ustedes	긍정명령	Hablen (ustedes). 말씀하세요.
	부정명령	No hablen (ustedes). 말씀하지 마세요.

03 | 불규칙 동사 형태

decir → di	poner → pon
hacer → haz	salir → sal
ir → ve	venir → ven
ser → sé	tener → ten

04 | 부정명령문

부정명령문에서는 모든 경우에 접속법이 사용된다.

ex Ven a mi casa mañana. 내일 우리 집에 오게.
No vengas a mi casa mañana. 내일 우리 집에 오지 말게.

Siéntate aquí. 여기 앉아라.
No te sientes aquí. 여기 앉지 마라.

Ponte el chandal. 운동복을 입어라.
No te pongas el chandal. 운동복을 입지 마라.

2 긍정어 / 부정어

긍정어	부정어
algo 어떤 것	nada 아무것도 아니다
alguien 누가	nadie 아무도 아니다
alguno 누군가, 어떤 것	ninguno 어떤 사람·것도 아니다
siempre 항상	nunca 결코 아니다
también 역시 …이다	tampoco 또한 …아니다

Ejercicios 연습문제

01 다음 문장을 명령문으로 바꾸시오.

(1) Bebes agua.
(2) Usted habla despacio.
(3) Ustedes hablan con ella.
(4) Os levantáis temprano.

02 다음 긍정 명령문을 부정 명령형으로 바꾸시오.

(1) Lee mucho.
(2) Tome cerveza.
(3) Abrid la puerta.
(4) Tómense esta medicina.

03 다음을 스페인어로 옮기시오.

(1) 나에게 사실을 말해라.
(2) 외투를 입지 마라.
(3) 모자를 벗어라.
(4) 여기 앉자.

정답

01 (1) Bebe agua. (2) Hable despacio.
(3) Hablen con ella. (4) Levantaos temprano.
02 (1) No leas mucho. (2) No tome cerveza.
(3) No Abráis la puerta. (4) No se tomen esta medicina.
03 (1) Dime la verdad. (2) No te pongas el abrigo.
(3) Quítate el sombrero. (4) Sentémonos aquí.

Track 18

Lección 18

Perdí el teléfono celular.

Mamá: José, ¿qué estás haciendo?

Hijo: Mamá, estoy buscando el teléfono celular. No lo encuentro.

Mamá: Es nuevo. Te lo compré el lunes pasado, el 4 de agosto.

Hijo: Lo siento, mamá.

Mamá: Probablemente lo perdiste ayer.
Has perdido tres en un año, ¿sabes?

Hijo: No sé cómo se perdió.
Recuerdo que lo metí en el bolso.

Mamá: Y como siempre te olvidaste de cerrarlo.

휴대전화를 잃어버렸어요.

제18과

엄마:	호세, 무엇을 하고 있니?
아들:	엄마, 제 휴대전화를 찾고 있어요. 그것이 보이지 않아요.
엄마:	새것인데. 지난 월요일, 8월 4일에 사주었지.
아들:	미안해요, 엄마.
엄마:	아마 어제 잃어버린 것 같은데. 너는 1년에 세 개나 잃어버렸네. 알지?
아들:	어떻게 잃어버렸는지 모르겠어요. 가방에 넣은 것은 기억하는데.
엄마:	그리고 항상 그러듯이, 가방 닫는 것을 잊었겠지.

I lost my cell phone.

Mom:	Jose, what are you doing?
Son:	Mom, I'm looking for my cell phone. I can't find it.
Mom:	It is new. I bought it for you last Monday, August 4th.
Son:	I'm sorry, mom.
Mom:	You must have lost it yesterday. You have lost 3 cell phones in one year. Do you know that?
Son:	I don't know how I lost it. I just remember that I put it in the bag.
Mom:	And maybe you forgot to close the bag, as usual.

어휘와 표현

- perdí (나는) 잃어버렸다 (perder의 부정과거)
- estás haciendo (너는) …을 하고 있다 (현재진행)
- estoy buscando (나는) …을 찾고 있다
- teléfono celular 휴대전화
- encuentro (나는) …을 찾다 (encontrar)
- nuevo,-va 새것의
- el lunes pasado 지난 월요일
- agosto [남] 8월
- probablemente 아마
- perdiste (너는) 잃어버렸다 (perder의 부정과거)
- ayer 어제
- has perdido (너는) 잃어버렸다 (perder의 현재완료)
- en un año 1년 동안에
- se perdieron 분실되었다
- recuerdo (나는) 기억한다 (recordar)
- metí (나는) …을 넣었다 (meter의 부정과거)
- bolso [남] 가방
- como siempre 여느 때처럼
- te olvidaste de… (너는) …을 잊었다 (olvidarse의 부정과거)
- cerrar 닫다, 잠그다

Gramática 문법

1 직설법 부정과거

부정과거는 이미 발생한 사실을 표현하기 위하여 사용된다.

01 | 규칙 변화

	-ar	-er	-ir
yo	**-é**	**-í**	
tú	**-aste**	**-iste**	
él, ella, Ud.	**-ó**	**-ió**	
nosotros	**-amos**	**-imos**	
vosotros	**-asteis**	**-isteis**	
ellos, ellas, Uds.	**-aron**	**-ieron**	

	hablar	comer	vivir
yo	habl**é**	com**í**	viv**í**
tú	habl**aste**	com**iste**	viv**iste**
él, ella, Ud.	habl**ó**	com**ió**	viv**ió**
nosotros	habl**amos**	com**imos**	viv**imos**
vosotros	habl**asteis**	com**isteis**	viv**isteis**
ellos, ellas, Uds.	habl**aron**	com**ieron**	viv**ieron**

02 | 불규칙변화

	pedir(청하다)	sentir(느끼다)	dormir(자다)
yo	pedí	sentí	dormí
tú	pediste	sentiste	dormiste
él, ella, Ud.	pidió	sintió	durmió
nosotros	pedimos	sentimos	dormimos
vosotros	pedisteis	sentisteis	dormisteis
ellos, ellas, Uds.	pidieron	sintieron	durmieron

	dar(주다)	ser(이다) ir(가다)	ver(보다)
yo	di	fui	vi
tú	diste	fuiste	viste
él, ella, Ud.	dio	fue	vio
nosotros	dimos	fuimos	vimos
vosotros	disteis	fuisteis	visteis
ellos, ellas, Uds.	dieron	fueron	vieron

03 | 직설법 부정과거의 용법

ex
Ella me dio un vaso de agua. 그녀는 나에게 물 한 컵을 주었다.
Luis me llamó por teléfono. 루이스가 나에게 전화를 했다.
Nació en el año 1986. 그는 1986년에 태어났다.

Viví dos años en México. 저는 멕시코에서 2년 살았습니다.
Estuve en Madrid en 2003. 나는 2003년 마드리드에 있었다.

2 현재진행 [estar + 현재분사]

hablar	→	habl**ando**
comer	→	com**iendo**
vivir	→	viv**iendo**

ex
Estoy hablando con Alfonso. 나는 알폰소와 얘기하고 있다.
¿Qué estás haciendo? 너는 지금 무엇하고 있니?

3 날짜 / 요일

기수, 요일, 월을 사용하여 날짜를 표현한다. 날짜에는 기수를 사용하지만, 1일에는 서수 primero를 사용한다.

el lunes	월요일	el martes	화요일
el miércoles	수요일	el jueves	목요일
el viernes	금요일	el sábado	토요일
el domingo	일요일		

enero	1월	febrero	2월
marzo	3월	abril	4월
mayo	5월	junio	6월
julio	7월	agosto	8월
septiembre	9월	octubre	10월
noviembre	11월	diciembre	12월

ex ¿Qué día (de le semana) es hoy? 오늘은 무슨 요일입니까?
Hoy es domingo. 오늘은 일요일입니다.

¿Qué fecha es hoy? 오늘은 며칠입니까?
Es el primero de septiembre. 오늘은 9월 1일입니다.

¿A cuántos estamos hoy? 오늘은 며칠입니까?
Estamos a cinco de mayo. 오늘은 5월 5일입니다.

Ejercicios 연습문제

01 다음 예와 같이 부정과거시제의 문장을 만드시오.

Ayer yo (ir) al parque. → Ayer yo fui al parque.

(1) ¿Adónde (ir) tú ayer?

→ ______________________

(2) ¿Qué (hacer) usted el sábado?

→ ______________________

(3) Sara y Antonio (ir) a la cafetería.

→ ______________________

02 주어진 동사의 올바른 형태를 넣으시오.

(1) Ayer yo ________(ver) a Elena en el cine.

(어제 나는 영화관에서 엘레나를 봤다.)

(2) Carlos ________(pasar) un año en Madrid.

(까를로스는 마드리드에서 1년 보냈다.)

(3) El año pasado ________(estar) tú en Francia.

(너는 작년에 프랑스에 있었다.)

(4) Yo ________(llegar) a las seis al aeropuerto.

(나는 공항에 6시에 도착했다.)

정답

01 (1) ¿Adónde fuiste tú ayer?
(2) ¿Qué hizo usted el sábado?
(3) Sara y Antonio fueron a la cafetería.
02 (1) vi (2) pasó (3) estuviste (4) llegué

토마토 축제 La Tomatina

지중해 연안 발렌시아(Valencia) 지방에 부뇰(Buñol)이라는 작은 마을이 있다. 이 마을에서는 매년 8월 마지막 주 수요일에 이색적인 축제가 벌어진다. '라 또마띠나(La Tomatina)'라고 불리는 축제가 그것이다. 우리에게는 '토마토 전쟁'이라고 알려져 있다. 축제일 오전 11시, 주민들이 마을의 중앙 광장에 모여든다. 광장 가운데에 마련된 큰 기둥의 꼭대기에 햄이 매달린다. 이 햄을 따야 축제가 시작되므로 사람들은 서로 인간 탑을 쌓아 햄을 향해 기어오른다. 드디어 꼭대기에 달린 햄을 따면 토마토를 가득 실은 트럭들이 광장으로 들어와 엄청난 양의 토마토를 뿌려 놓는다. 그 유명한 토마토 축제의 시작이다. 삽시간에 온 광장이 붉은 토마토와 토마토 즙의 천지가 된다. 그 토마토 속에서 사람들은 소리치고 웃고 넘어지고, 뒤엉키며 일대 아수라장이 펼쳐진다. 축제 참가자들은 토마토를 무기삼아 서로를 향하여 사정없이 던지는 것이다. 모든 사람들이 이 시간만큼은 서로에게 적이 되어 승자도 패자도 없는 '토마토 전쟁'을 치르는 것이다.

토마토 전쟁은 1시간 동안 지속된다. 축제의 끝을 알리는 폭죽과 함께 이 즐거운 토마토 전쟁은 끝이 난다. 폭죽이 터진 뒤 토마토를 던지는 사람은 상당한 벌금을 내야 한다. 또 하나의 볼거리는 축제가 끝난 후의 뒤처리이다. 몇 시간도 되지 않아 언제 난장판이 벌어졌나 싶을 정도로 원래 모습을 되찾는다. 청소차가 와서 순시간에 물청소로 정리를 끝낸다. 이 축제에 참가하는 사람들은 입고 버릴 낡은 옷과 눈을 보호하는 물안경을 준비해야 한다.

이 축제는 1944년 토마토 값 폭락에 분노한 농부들이 시의원들에게 토마토를 던진 것에서 시작되었다 한다. 프랑코 총통의 독재 기간에는 금지되기도 했지만 70년대 중반 마을 사람들에 의하여 재개되었다.

Track 19

Lección 19

¿Qué hacías los domingos?

José: ¿Dónde vivías cuando eras niña?

María: Vivía en una playa con mis padres.

José: ¿Qué hacías los domingos?

María: Paseaba por la playa y nadaba en el mar.

José: ¿Te divertiste mucho, verdad?

María: Sí, me encantaba la playa.
Y tú, ¿dónde vivías cuando eras pequeño?

José: Vivía en París con mis padres.

María: ¿Te gustaba vivir en París?

José: No, no me gustaba vivir allí porque había tanto ruido y tanto tráfico.

제 19 과

일요일에는 무엇을 했었니?

호세: 너는 어렸을 때 어디에 살았니?
마리아: 나는 부모님과 함께 해변에서 살았어.
호세: 일요일에는 무엇을 했었니?
마리아: 해변을 산책하고 또 바다에서 수영을 하곤 했지.
호세: 매우 즐거웠겠네, 그렇지?
마리아: 그래, 해변은 정말 좋았어.
그런데 너는 어렸을 때 어디에 살았어?
호세: 나는 부모님과 함께 파리에 살았어.
마리아: 너는 파리에 사는 것이 좋았었니?
호세: 아니, 나는 거기 사는 것이 좋지 않았어.
왜냐하면 소음이 심했고 교통도 혼잡했기 때문이야.

What did you use to do on Sundays?

Jose: Where did you live when you were a child?
Maria: I lived at a beach with my parents.
Jose: What did you use to do on Sundays?
Maria: I took a walk by the beach and I used to swim in the sea.
Jose: You must have had fun, right?
Maria: Yes, I loved the beach.
And you, where did you live when you were a child?
Jose: I lived in Paris with my parents.
Maria: Did you like living in Paris?
Jose: I didn't because it was so noisy and crowded.

어휘와 표현

- hacías (너는) …을 했었다 (hacer)
- los domingos 매주 일요일
- ¿dónde? 어디?
- vivías (너는) 살았었다 (vivir)
- cuando …할 때
- eras (너는) …였다 (ser)
- niña [여] 어린이
- vivía (나는) 살았었다 (vivir)
- playa [여] 해변
- con …와 함께
- padres [남·복] 부모님
- paseaba por (나는) …를 산책했었다 (pasear)
- nadaba (나는) 수영했었다 (nadar)
- ¿Te divertiste? 너는 즐거웠지? (divertirse)
- me encantaba… (나는) …이 좋았다 (encantar)
- pequeño [남] 어린이, 꼬마
- ¿te gustaba …? 너는 …이 좋았어?
- porque 왜냐하면
- había …이 있었다 (haber)
- tanto 그렇게나 많은
- ruido [남] 소음
- tráfico [남] 교통(량)

Gramática 문법

1 직설법 불완료과거

01 | 규칙 변화

불완료과거의 어미

	-ar	-er	-ir
yo	**-aba**	**-ía**	
tú	**-abas**	**-ias**	
él, ella, usted	**-aba**	**-ía**	
nosotros	**-ábamos**	**-íamos**	
vosotros	**-abais**	**-íais**	
ellos, ellas, ustedes	**-aban**	**-ían**	

	hablar	comer	vivir
yo	habl**aba**	com**ía**	viv**ía**
tú	habl**abas**	com**ías**	viv**ías**
él, ella, usted	habl**aba**	com**ía**	viv**ía**
nosotros	habl**ábamos**	com**íamos**	viv**íamos**
vosotros	habl**abais**	com**íais**	viv**íais**
ellos, ellas, ustedes	habl**aban**	com**ían**	viv**ían**

02 | 불규칙 변화

	ser	ir	ver
yo	era	iba	veía
tú	eras	ibas	veías
él, ella, usted	era	iba	veía
nosotros	éramos	íbamos	veíamos
vosotros	erais	ibais	veíais
ellos, ellas, ustedes	eran	iban	veían

03 | 직설법 불완료과거의 용법

ex

Cuando lo llamé, él estudiaba. [과거 진행]

내가 그를 불렀을 때 그는 공부하고 있었다.

Cantaban mientras bailábamos. [과거 진행]

우리들이 춤을 추는 동안 그들은 노래하고 있었다.

Antes yo bebía y fumaba mucho. [과거 습관]

나는 전에 술과 담배를 많이 했었다.

Cuando estaba en Busan, iba a la playa. [과거 습관]

내가 부산에 있었을 때 해변에 가곤 했다.

Dijo que estaba ocupado. [과거 상황]

그는 바쁘다고 말했다.

Tenía entonces veinticuatro años. [과거의 나이]

나는 당시 24살이었다.

Eran las tres cuando volviste a casa. [과거의 시간]

네가 집에 왔을 때는 3시였다.

2 과거분사

과거분사는 복합시제(21과 참조)와 수동태(20과 참조)에 사용된다.

01 | 규칙 형태

hablar	→	habl**ado**
comer	→	com**ido**
vivir	→	viv**ido**

02 | 불규칙 형태

abrir	→	abierto
cubrir	→	cubierto
escribir	→	escrito
morir	→	muerto
poner	→	puesto
resolver	→	resuelto
ver	→	visto
volver	→	vuelto

Ejercicios 연습문제

01 다음 문장의 현재시제를 불완료과거시제로 고치시오.

Yo estoy en casa. → Yo estaba en casa.

(1) Tú estudias chino. → ____________________

(2) Ellos tocan el piano. → ____________________

(3) Mi madre canta. → ____________________

(4) Nosotros comemos. → ____________________

02 다음 주어진 동사를 올바른 형태로 바꾸시오.

(1) Cuando era niño, yo ________(vivir) en Busan.
(나는 어렸을 때 부산에 살았다.)

(2) Cuando llegué a casa, mis padres ________(comer).
(내가 집에 도착했을 때 부모님께서 식사하고 계셨다.)

(3) Cuando yo ________(ducharme), mi hermano se levantó.
(내가 샤워하고 있을 때, 나의 형이 일어났다.)

(4) Cuando yo __________(salir) de casa, llovía mucho.
(내가 집에서 나왔을 때, 비가 많이 오고 있었다.)

정답

01 (1) Tú estudiabas chino. (2) Ellos tocaban el piano.
(3) Mi madre cantaba. (4) Nosotros comíamos.

02 (1) vivía (2) comían (3) me duchaba (4) salí

레스토랑 RESTAURANTE

아침에는 정식 레스토랑이 문을 열지 않기 때문에, 아침식사는 바르(bar), 까페떼리아(cafetería) 등에서 가볍게 한다. 점심식사 시간은 오후 2시부터 4시 사이, 저녁식사는 저녁 8시부터 12시 사이에 한다. 그리고 아침과 점심 사이, 점심과 저녁 사이에 바르나 까페떼리아에서 간식(merienda)을 먹는다.

스페인의 레스토랑은 포크의 수로 등급이 정해져 있다. 최고급은 포크가 5개이며 가장 싼 레스토랑은 포크 1개가 그려져 있다. 보통 각 음식의 가격을 적은 메뉴가 식당 바깥의 보이는 곳에 있다. 점심시간은 보통 2시부터 4시까지이고 저녁식사는 8시 30분부터 12시까지인데 주말은 식사시간이 연장되어 늦은 심야시간까지 하기도 한다. 이 시간 외에는 문을 닫기 때문에 레스토랑을 이용할 수 없다. 점심과 저녁식사를 우리보다 매우 늦게 하며, 우리와는 달리 긴 시간 동안 여러 이야기를 나누면서, 포도주와 함께 여러 음식을 즐기는 식사이다. 점심식사가 가장 중요하고 또 가장 푸짐한 식사로 인식되어 있다.

식사를 마친 후에 계산을 할 때, 웨이터에게 계산서를 갖다 달라고 부탁한다. 보통 웨이터는 계산서를 접시 위에 올려 갖고 온다. 그 접시에 계산서의 액수에 따라 돈을 놓으면 웨이터가 가져가서 계산을 하고 거스름돈을 접시에 담아 가져온다. 이때 그 웨이터에게 팁을 주면 된다. 보통 계산서 액수의 5~10% 정도를 접시에 남겨두면 된다.

Track 20

Lección 20

Se celebró un encuentro de semifinal.

María: A los españoles les gusta el fútbol, ¿verdad?

José: Sí, muchísimo.
Y los jugadores de fútbol son amados por todo el pueblo.

María: ¿Fuiste al estadio para ver el partido de fútbol entre el Madrid y el Barcelona?

José: Sí. Se celebró un encuentro de semifinal. Se enfrentaban dos equipos campeones.

María: ¿Qué tal fue el resultado?

José: Los dos equipos se empataron dos a dos.

준결승전이 열렸어.

마리아: 스페인 사람들은 축구를 좋아해. 그렇지?

호세: 그래, 엄청나게 좋아하지.
그리고 축구선수는 온 국민의 사랑을 받지.

마리아: 너는 마드리드 팀과 바르셀로나 팀의 축구경기를 보러 경기장에 갔었니?

호세: 그래, 준결승전이 열렸지. 두 챔피언 팀이 맞붙었지.

마리아: 경기 결과는 어떻게 되었어?

호세: 두 팀은 2:2 무승부로 비겼어.

A semifinal game was held.

Maria: The Spaniards love soccer, right?

Jose: Yes, a lot.
And the players are loved by the whole nation.

Maria: Did you go to the stadium to see the game between Madrid and Barcelona?

Jose: Yes, the semifinal of the cup was held. Two champion teams played.

Maria: What was the result?

Jose: The game ended in a 2-2 tie.

어휘와 표현

- Se celebró 열렸다 (celebrarse)
- encuentro [남] 시합
- semifinal [여] 준결승(전)
- fútbol [남] 축구
- muchísimo 매우 (mucho의 절대최상급)
- jugador [남] 선수
- amado 사랑받는 (amar의 과거분사)
- pueblo [남] 국민, 국가
- fuiste (너는) 갔다 (ir)
- estadio [남] 경기장
- para …하기 위하여
- ver 보다
- partido [남] 경기
- se enfrentaban 겨루었다 (enfrentarse)
- equipo [남] 팀, 단체
- campeón [남] 챔피언, 우승자
- resultado [남] 결과
- terminó 끝났다 (terminar)
- se empataron 비겼다 (empatarse)
- dos a dos 2:2

Lingua

Gramática 문법

1 수동태: [ser+과거분사+por]

이 경우에 과거분사는 주어의 성·수에 일치한다.

ex
Este libro fue publicado en 2008.
이 책은 2008년에 출판되었다.
La ventana fue abierta por Elena.
창문은 엘레나에 의하여 열렸다.
Estas novelas fueron escritas por José.
이 소설들은 호세에 의하여 써졌다.

2 수동의 se: [se+동사(단·복수)+주어(단·복수)]

ex
Se vende la casa. 그 집이 팔린다.
Se venden las casas. 그 집들이 팔린다.
Se venden coches. 자동차들이 팔린다.

3 se의 용법

01 | 무인칭의 se: [se+동사(단수)+목적어(단·복수)]

주어가 확실하지 않은 경우를 가리킨다. 무인칭의 se는 [se+동사]로 형태로 나타나며, 이때 주어는 전혀 나타나지 않지만 사람을 의미하고 동사는 항상 3인칭 단수 형태로 나타난다.

ex
Se vende coches. 자동차를 팝니다.
Se come arroz en Corea. 한국에서는 쌀을 먹는다.
Aquí se habla español. 여기서는 스페인어를 한다.

02 | 무의지의 se: [se+간접목적대명사+동사(단 · 복수)+주어(단 · 복수)]

주어의 의지와 관계없이 발생한 사건을 표현한다.

ex
Se me perdió el dinero. 나는 돈을 잃어버렸다.
Se me olvidó su nombre. 나는 그의 이름을 잊어버렸다.
Se me rompieron los platos. 나는 접시를 깨뜨렸다.
Se le salió un gallo. 그는 (노래 도중에) 삑사리를 냈다.

03 | 상호의 se

ex
Luis y Ana se quieren. 루이스와 아나는 서로 사랑한다.
Luis y Ana se odian. 루이스와 아나는 서로 미워한다.
Luis y Ana se escriben. 루이스와 아나는 서로 편지를 쓴다.

04 | 이해의 se

다른 경우에는 se가 없으면 문장이 성립되지 않지만 이해의 se의 경우에는 se가 없어도 문장은 성립되고 약간의 의미적 변화만 나타난다.

ex
Ha ido a Barcelona. 그는 바르셀로나로 갔다.
Se ha ido a Barcelona. 그는 바르셀로나로 가버렸다.

Comió todo. 그는 모두 먹었다.
Se comió todo. 그는 모두 먹어치웠다.

Ejercicios 연습문제

01 다음 빈칸에 동사의 올바른 형태를 넣으시오.

(1) Las velas fueron ________(apagar) por el viento.
(촛불들은 바람에 의하여 꺼졌다.)

(2) La América Latina fue ________(descubrir) por Colón.
(라틴아메리카는 콜럼버스에 의하여 발견되었다.)

(3) Aquí se ________(vender) coches.
(여기서 자동차들이 팔린다.)

(4) Aquí se ________(hablar) coreano.
(여기서는 한국어를 한다.)

(5) Felipe y Sara se ________(besar).
(펠리뻬와 사라는 서로 키스한다.)

(6) Se me ________(olvidar) su nombre.
(나는 그의 이름을 잊어버렸다.)

02 다음 문장을 우리말로 옮기시오.

(1) Se me perdió el dinero.
(2) Se alquila habitación.
(3) Aquí se vende pan.
(4) Ella se ha ido a Barcelona.

정답

01 (1) apagadas (2) descubierta (3) venden
(4) habla (5) besan (6) olvidó

02 (1) 나는 돈을 잃어버렸다. (2) 방 세 놓습니다.
(3) 여기서 빵 팝니다. (4) 그녀는 바르셀로나로 떠나버렸다.

스페인 프로축구

스페인어로 축구는 풋볼(fútbol)이라 하며, 스페인의 1부 리그인 쁘리메라 리가(Primera Liga)는 영국, 이탈리아의 리그와 함께 세계 3대 리그에 속한다. 스페인은 모든 국민들이 축구를 열광적으로 즐긴다. 세계적인 선수를 영입하는 데 거액의 투자를 아끼지 않기에 마라도나, 피구, 베컴, 지단, 호나우도, 에투, 호나우지뉴, 앙리 등과 같은 세계 최고의 축구선수들이 스페인의 프로팀에서 활동했거나 활동 중이다. 1부 리그에서는 유명한 외국 선수들이 활동하지만, 이를 제외한 하위 리그에서는 자국의 선수를 육성하기 위하여 스페인 선수들만 활동한다. 1부와 2부의 축구클럽은 유소년 팀을 보유하고 유소년 육성하는 데 기여한다. 스페인 구단들은 경기를 통한 수익을 재투자하여 선수 발굴에 심혈을 기울이고 있다. 응원문화와 축구사랑 등 스페인 국민의 축구 열정은 세계 최고라 할 수 있다.

제5과 '스페인의 지방색'에서 보았듯이, 최대 라이벌인 레알 마드리드와 FC 바르셀로나의 축구경기가 열리는 날에는 전쟁이라도 일어날 분위기를 느낄 수 있다. 역사적 변천과정에서 형성된 지역감정에 두 지역의 라이벌 관계가 더해진다는 점에서 그 정도를 상상할 수 있다.

레알 마드리드 팀의 축구장

마드리드에서 경기가 열리면 바르셀로나의 시민들은 바르셀로나 팀을 응원하기 위하여 자동차나 단체버스 등을 이용하여 497Km나 되는 먼 거리를 달려온다. 마드리드와 바르셀로나에서 몰려오는 수많은 사람과 차량으로 마드리드 경기장 주변은 경기 시작 몇 시간 전부터 교통이 통제된다. 온 도시의 상가가 문을 닫고, 바르(bar)나 술집은 TV중계를 보기 위해 사람들로 가득하다. 경기 후에는 패배한 팀의 시민들의 화풀이 때문에 크고 작은 폭력사태가 발생하기도 한다. 따라서 마드리드 팀의 선수들은 "다른 팀에게는 지더라도 바르셀로나 팀에게는 절대 질 수 없다"라고 생각하고 바르셀로나 팀의 선수들은 "마드리드 팀에게 지면 죽음이다"라는 비장한 각오로 경기에 임한다. 레알 마드리드 팀이 지면 그 다음 날 마드리드 전체가 암울해진다고 말할 정도로 축구는 온 국민의 생활 속에 자리 잡고 있다.

바르셀로나 팀의 유니폼

Track 21

Lección 21

¿Qué has visto hasta ahora?

José: ¿Te gusta Sevilla?

María: ¡Sí, me encanta!

José: ¿Qué has visto hasta ahora?

María: He visitado el Alcázar y la casa de Murillo.

José: Y ¿qué más?

María: También he entrado en la catedral.
Pero todavía no he subido a la Giralda.

José: ¿Por qué?

María: Cuando llegué a la Giralda, ya habían cerrado.

지금까지 무엇을 보았니?

제 21 과

호세: 너는 세비야가 좋아?

마리아: 그래, 정말 좋아!

호세: 지금까지 무엇을 보았니?

마리아: 알까사르와 무리요의 집을 가봤어.

호세: 그리고 또 무엇을 방문했어?

마리아: 또한 성당에 들어가 봤어.
그런데 히랄다 탑에는 아직 올라가보지 못했어.

호세: 왜?

마리아: 내가 히랄다 탑에 도착하니 이미 문을 닫았어.

What have you seen until now?

Jose: Do you like Sevilla?

Maria: Yes, I love it!

Jose: What have you seen until now?

Maria: I have visited the Alcazar and the House of Murillo.

Jose: And what else?

Maria: I have also visited the cathedral.
But I haven't climbed to the Giralda.

Jose: Why?

Maria: When I arrived at the Giralda, they had already closed.

어휘와 표현

- has visto (너는) 보았다 (ver)
- hasta ahora 지금까지
- me encanta… 나는 …가 정말 좋다
- he visited 나는 방문했다 (visitar)
- he entrado (나는) 들어갔다 (entrar)
- catedral [여] 대성당
- todavía 아직
- he subido (나는) 올라갔다 (subir)
- llegué a (내가) …에 도착했다 (llegar)
- ya habían cerrado 이미 문을 닫았다 (cerrar)

플라멩코의 본고장 세비야 시의 전경

Gramática 문법

1 현재완료

01 | 현재완료의 형태: [haber의 현재 + 과거분사]

단수		복수	
he	+과거분사	hemos	+과거분사
has		habéis	
ha		han	

02 | 현재완료의 용법

현재와 관련·연결된 과거를 표현한다.

① 완료: 가까운 과거에 발생한 사건·행위를 표현한다.

ex ¿Has escrito la carta? 너는 편지를 썼니?
¿Qué te ha pasado? 무슨 일이 일어났어?

② 경험: '지금까지 …했다', '지금까지 …한 적이 있다'라고 하는 경험을 표현한다.

ex ¿Has visitado Sevilla? 너는 세비야를 방문한 적 있니?
He estado en Sevilla dos veces.
나는 세비야를 두 번 가본 적이 있다.

③ ahora, hoy, esta mañana, esta semana, este mes, este año 등과 함께, 과거의 사건·행위를 표현한다.

ex Esta mañana he hablado con Marisol.
오늘 아침 나는 마리솔과 얘기했다.
Este verano ha hecho mucho calor. 이번 여름은 매우 더웠다.

④ 현재까지 발생하지 않은 사건·행위를 표현한다.

ex Todavía no ha llegado José. 호세는 아직 도착하지 않았다.
Todavía no ha venido. 그는 아직 오지 않았다.

2 직설법 과거완료

01 | 과거완료의 형태: [haber의 불완료과거 + 과거분사]

단수		복수	
había	+과거분사	habíamos	+과거분사
habías		habíais	
había		habían	

02 | 과거완료의 용법

과거의 어느 시점을 기준으로 그 이전에 발생한 사건·행위를 표현한다.

ex Cuando tú llegaste, ya había nevado mucho.
네가 도착했을 때 이미 눈이 많이 왔다.
Cuando llegué a la estación, el tren ya había salido.
내가 역에 도착했을 때 기차는 이미 떠난 후였다.

Ejercicios 연습문제

01 다음 예문을 주어에 적합한 문장으로 만드시오.

He estado en España. (나는 스페인에 가본 적이 있다.)

(1) 너 → ______________________

(2) 우리들 → ______________________

(3) 그들 → ______________________

02 다음 예와 같이 문장의 주어를 바꿔 쓰시오.

Todavía no ha llegado Pedro. (뻬드로는 아직 도착하지 않았다.)

(1) 그들 → ______________________

(2) 기차 → ______________________

(3) 그녀 → ______________________

03 빈칸에 주어진 동사의 올바른 형태를 넣으시오.

(1) Cuando llegué a casa, ya ___________(salir) mi padre.
(내가 집에 도착했을 때, 아버지는 이미 출발하셨다.)

(2) Esta mañana ___________(levantarse) a las seis.
(오늘 아침 나는 6시에 일어났다.)

(3) Ellos ya ___________(morir) cuando llegué.
(내가 도착하니 그들은 이미 죽어 있었다.)

(4) Cuando tú llegaste a la estación, el tren ya ___________(salir).
(네가 역에 도착했을 때 기차는 이미 출발했다.)

정답

01 (1) Has estado en España. (2) Hemos estado en España.
(3) Han estado en España.

02 (1) Todavía no han llegado. (2) Todavía no ha llegado el tren.
(3) Todavía no ha llegado ella.

03 (1) había salido (2) me he levantado
(3) habían muerto (4) había salido

세비야 대성당 (Catedral)

1401년부터 1세기에 걸쳐 지은 고딕양식의 스페인 최대의 대성당이다. 폭 116m 길이 76m의 규모는 로마의 성 베드로성당과 런던의 세인트 폴 대성당에 이어 유럽에서 세 번째로 큰 성당이다. 주제단 중앙에는 세비야의 수호신인 역대왕의 성모(Vírgen de los Reyes)가 모셔져 있다. 남쪽의 산끄리스또발 문 근처에는 스페인 4개 왕국, 까스띠야, 레온, 나바라, 아라곤을 상징하는 4개의 거인상이 지키는 콜럼버스의 묘가 있는데, 관에는 콜럼버스의 유골분이 안치되어 있다. 건물 북쪽에는 분수대를 중심으로 오렌지 나무들이 질서정연하게 심어져 있는 '오렌지정원'이 있고 그 위로 아름다운 히랄다탑이 보인다.

세비야 대성당의 히랄다탑 (La Giralda)

대성당에 부설된 높이 98m의 종루로 12세기 말의 이슬람 건축물이다. 전망대가 있는 높이 70m까지가 거의 원형 그대로의 이슬람 양식이고, 거기부터 상부의 종루 부분은 16세기에 그리스도 교도들이 덧붙인 것으로 꼭대기에는 '신앙의 승리'를 상징하는 청동 여신상이 장식되어 있다. 이 상이 바람에 의해 빙글빙글 돌기 때문에 히랄다('풍향을 가리키는 닭'이란 뜻)라는 이름이 붙여졌다.

Track 22

Lección 22

Saldré el sábado.

María: ¿Cuándo vas a España?

José: Saldré el sábado.

María: ¿Cuánto tiempo te quedarás en España?

José: Un par de semanas, más o menos.

María: No dejes de visitar Toledo.

José: Por supuesto.

María: A propósito, ¿Felipe estará en la oficina?

Tengo que verle.

José: Habrá salido de la oficina.

A estas horas ya estará en casa.

나는 토요일에 출발할 거야.

마리아: 너는 언제 스페인에 가니?
호세: 나는 토요일에 출발할 거야.
마리아: 스페인에 얼마나 머무를 거야?
호세: 약 2주일.
마리아: 똘레도를 꼭 방문하도록 해.
호세: 물론 그래야지.
마리아: 그건 그렇고, 펠리뻬는 사무실에 있을까?
그를 만나야 하는데.
호세: 이미 퇴근했을 거야.
이 시간이면 집에 있을 거야.

I will leave on Saturday.

Maria: When are you going to Spain?
Jose: I will leave on Saturday.
Maria: How long are you staying in Spain?
Jose: Maybe, two weeks.
Maria: Don't forget to visit Toledo.
Jose: Of course.
Maria: By the way, is Felipe in the office?
I have to see him.
Jose: He will have probably left the office.
He should be home by now.

어휘와 표현

- saldré salir(출발하다)의 미래
- el sábado 토요일에
- ¿cuándo? 언제?
- ¿cuánto tiempo? 얼마나 오래?
- te quedarás quedarse(머무르다)의 미래
- par [남] 짝, 쌍, 한 쌍
- un par de semanas 2주일
- más o menos 대략, 약
- no dejes de+동사 꼭 …해라
- Por supuesto. 물론이지.
- estará estar(있다)의 미래
- oficina [여] 사무실
- habrá salido salir의 미래완료
- salir de la oficina 퇴근하다
- a estas horas 이 시간에

똘레도 대성당 (Catedral de Toledo)

Gramática 문법

1 직설법 미래시제

01 | 미래시제의 규칙 변화

미래시제어미	hablar	comer	vivir
-é	hablar**é**	comer**é**	vivir**é**
-ás	hablar**ás**	comer**ás**	vivir**ás**
-á	hablar**á**	comer**á**	vivir**á**
-emos	hablar**emos**	comer**emos**	vivir**emos**
-éis	hablar**éis**	comer**éis**	vivir**éis**
-án	hablar**án**	comer**án**	vivir**án**

02 | 미래시제의 불규칙 변화

caber (들어가다)	cabr-	querer (원하다)	querr-
decir (말하다)	dir-	saber (알다)	sabr-
haber (있다)	habr-	salir (나가다)	saldr-
hacer (하다)	har-	tener (가지다)	tendr-
poder (할 수 있다)	podr-	valer (가치가 있다)	valdr-
poner (놓다)	pondr-	venir (오다)	vendr-

haber: habré, habrás, habrá, habremos, habréis, habrán

poder: podré, podrás, podrá, podremos, podréis, podrán

tener: tendré, tendrás, tendrá, tendremos, tendréis, tendrán

venir: vendré, vendrás, vendrá, vendremos, vendréis, vendrán

decir: diré, dirás, dirá, diremos, diréis, dirán

hacer: haré, harás, hará, haremos, haréis, harán

03 | 직설법 미래의 용법

① 미래

ex Mañana visitaré a mi abuelo.
나는 내일 할아버지를 방문할 것이다.
Mañana hará buen tiempo.
내일은 날씨가 좋을 것이다.

② 현재의 추측

ex Ahora serán las tres. 지금 3시일 겁니다.
Tendrá veinte años. 그는 20세일 겁니다.
Estará enfermo. 그는 아플 겁니다.

2 직설법 미래완료

01 | 미래완료의 형태: [haber의 미래 + 과거분사]

단수		복수	
habré	+과거분사	habremos	+과거분사
habrás		habréis	
habrá		habrán	

02 | 미래완료의 용법

① 미래의 어느 시점을 기준으로 하여 그때까지 완료되었을 것이라고 추측한다.

ex Cuando lleguéis, habremos salido.
너희들이 도착하면 우리들은 이미 출발했을 거야.

Para el domingo, ya habré terminado el trabajo.

일요일이면 난 이미 일을 마쳤을 것이다.

② 현재완료의 내용을 추측한다.

ex **Habrá perdido el tren.** 그는 기차를 놓쳤을 거야.

Habrá terminado el curso. 그는 과정을 마쳤을 거야.

Ejercicios 연습문제

01 다음 주어진 동사를 미래시제로 바꾸시오.

(1) Ella ________(beber) cerveza. (그녀는 맥주를 마실 것이다.)
(2) Tú ________(visitar) Sevilla. (너는 세비야를 방문할 것이다.)
(3) Ellos ________(estar) en casa. (그들은 집에 있을 것이다.)
(4) Yo ________(comprar) flores. (나는 꽃을 살 것이다.)

02 주어진 예처럼 미래시제의 문장으로 고치시오.

> Van a visitar Madrid. (그들은 마드리드를 방문할 것이다.)
> → Vistarán Madrid.

(1) Voy a estudiar esta noche. (나는 오늘밤 공부할 것이다.)
→________________________

(2) Ella va a decir la verdad. (그녀는 사실을 말할 것이다.)
→________________________

(3) Probablemente tienen hambre. (아마 그들은 배가 고플 것이다.)
→________________________

(4) Probablemente son las diez. (아마 10시일 거야.)
→________________________

03 주어진 예처럼 미래완료의 문장으로 고치시오.

Vendré a fines de este mes. (나는 이달 말경에 돌아오겠다.)
→ Habré venido para fines de este mes.
(나는 이달 말이면 와 있을 것이다.)

(1) Ella se irá la próxima semana. (그녀는 다음 주에 떠날 것이다.)

→ ______________________

(그녀는 다음 주면 이미 떠났을 것이다.)

(2) Llegarán a fines de este año. (그들은 금년말에 도착할 것이다.)

→ ______________________

(그들은 금년말경이면 이미 도착했을 것이다.)

04 주어진 예처럼 미래완료의 문장으로 고치시오.

Ella ha leído la revista. (그녀는 잡지를 읽었다.)
→ Habrá leído la revista. (그녀는 잡지를 읽었을 것이다.)

(1) Ella ha llegado a Madrid. (그녀는 마드리드에 도착했다.)

→ ______________________

(그녀는 마드리드에 도착했을 것이다.)

(2) Ellos se han marchado. (그들은 떠났다.)

→ ______________________

(그들은 떠났을 것이다.)

정답

01 (1) beberá (2) visitarás (3) estarán (4) compraré
02 (1) Estudiaré esta noche. (2) Ella dirá la verdad.
(3) Tendrán hambre. (4) Serán las diez.
03 (1) Ella se habrá ido para la próxima semana.
(2) Habrán llegado para fines de este año.
04 (1) Habrá llegado a Madrid.
(2) Ellos se habrán marchado.

Track 23

Lección 23

Serían las tres.

Madre: José, ¿a qué hora volviste a casa?

José: Serían las tres de la madrugada cuando volví a casa.

Madre: Te estuvimos esperando hasta las doce.
Me dijiste que volverías a las doce.

José: Lo siento, mamá. Quería volver a casa antes de las doce.

Madre: Entonces, ¿qué ha pasado?

José: Pensé que Felipe se habría marchado para Barcelona.
Pero anoche me encontré con él en la parada del autobús.

Madre: ¿Por qué no se ha marchado para Barcelona?

José: Me dijo que su padre estaba muy grave, y no podía marcharse.

3시였을 거예요.

엄마:	호세, 너 몇 시에 집에 들어왔니?
호세:	집에 왔을 때 아마 새벽 3시였을 거예요.
엄마:	우리는 너를 12시까지 기다리고 있었어. 나에게 12시에 들어온다고 말했잖아.
호세:	엄마, 죄송해요. 12시까지는 집에 돌아오려 했어요.
엄마:	그런데, 무슨 일이 있었어?
호세:	저는 펠리뻬가 이미 바르셀로나로 떠났을 거라고 생각했었어요. 그런데 어젯밤 버스정류장에서 그를 만났어요.
엄마:	왜 바르셀로나로 떠나지 않았지?
호세:	아버지가 위독하셔서 못 떠났다고 했어요.

It was probably three o'clock.

Mother:	Jose, what time did you come home?
Jose:	It was probably 3 a.m. when I came home.
Mother:	We were waiting for you until twelve. You told me that you would come at twelve.
Jose:	I'm sorry, mom. I tried to come by twelve.
Mother:	So, what happened?
Jose:	I thought that Felipe would have left for Barcelona. But, I met him at the bus stop last night.
Mother:	Why hasn't he left for Barcelona?
Jose:	He told me that his father was seriously ill, so he couldn't go.

어휘와 표현

- serían ser의 가능시제
- ¿a qué hora? 몇 시에?
- volviste volver(돌아오다)의 부정과거
- madrugada [여] 새벽
- llegué llegar(도착하다)의 부정과거
- estuvimos esperando esperar의 과거진행
- hasta las doce 12시까지
- dijiste decir(말하다)의 부정과거
- volverías volver의 가능시제
- antes de …전에
- ¿Qué ha pasado? 무슨 일이 있었어?
- pensé pensar(생각하다)의 부정과거
- se habría marchado marcharse의 가능완료
- para Barcelona 바르셀로나로
- anoche 어젯밤
- me encontré con 나는 …와 마주쳤다
- parada [여] 정류장
- autobús [남] 버스
- estaba estar의 불완료과거
- estar muy grave 위독하다

Lingua Gramática 문법

1 직설법 가능시제

01 | 가능시제의 규칙 변화

가능시제어미	hablar	comer	vivir
-ía	habla**ría**	come**ría**	vivi**ría**
-ías	habla**rías**	come**rías**	vivi**rías**
-ía	habla**ría**	come**ría**	vivi**ría**
-íamos	habla**ríamos**	come**ríamos**	vivi**ríamos**
-íais	habla**ríais**	come**ríais**	vivi**ríais**
-ían	habla**rían**	come**rían**	vivi**rían**

02 | 가능시제의 불규칙 변화

가능시제의 불규칙 변화는 미래시제의 불규칙 동사의 어미를 분리하고 가능시제의 어미를 붙이면 된다.

haber: habría, habrías, habría, habríamos, habríais, habrían
poder: podría, podrías, podría, podríamos, podríais, podrían
tener: tendría, tendrías, tendría, tendríamos, tendríais, tendrían
venir: vendría, vendrías, vendría, vendríamos, vendríais, vendrían
decir: diría, dirías, diría, diríamos, diríais, dirían
hacer: haría, harías, haría, haríamos, haríais, harían

03 | 가능시제의 용법

① 과거의 사건을 추측

ex
José estaría en casa ese día. 호세는 그날 집에 있었을 거야.
Serían las doce. 12시였을 것이다.

② 과거에서 본 미래

ex
Dijo que vendría. 그는 올 것이라고 말했다.
Me dijo que me llamaría hoy.
그는 나에게 오늘 전화하겠다고 말했다.

③ 동사 gustar와 함께 경험하지 않은 희망을 표현

ex
Me gustaría verle otra vez. 그를 한번 더 만나봤으면.

2 직설법 가능완료

01 | 가능완료시제의 형태: [haber의 가능시제 + 과거분사]

단수		복수	
habría	+과거분사	habríamos	+과거분사
habrías		habríais	
habría		habrían	

02 | 가능완료의 용법

① 과거에서 본 미래완료

ex
Dijo que cuando yo volviera ya se habría marchado ella.
내가 돌아올 때면 이미 그녀는 떠났을 것이라 그는 말했다.

② 과거완료의 추측

ex Pensé que ya habría llegado a Madrid.
나는 그가 벌써 마드리드에 도착했을 것이라고 생각했다.

3 직설법 시제의 실제와 추측

	실제	추측
현재	현재 : Canto	미래 : Cantaré
	-Son las tres. 3시이다. -Tiene 18 años. 그는 18세이다. -Está en casa. 그는 집에 있다.	-Serán las tres. 3시일 거다. -Tendrá 18 años. 그는 18세일 거다. -Estará en casa. 그는 집에 있을 거다.
인접 과거	현재완료: He cantado	미래완료: Habrá cantado
	-Ya ha llegado José. 호세는 이미 도착했다.	-Ya habrá llegado José. 호세는 이미 도착했을 거다.
먼 과거	과거: Canté/Cantaba	가능: Cantaría
	-Eran las tres. 3시였다. -Salí a las tres. 나는 3시에 나왔다. -Estaban todos allí. 그들 모두 거기에 있었다.	-Serían las tres. 3시였을 거다. -Saldría sobre las tres. 나는 3시쯤 나왔을 거다. -Estarían todos allí. 그들 모두 거기에 있었을 거다.
이전 과거	과거완료: Había cantado	가능완료: Habría cantado
	-Me dijeron que ya había llegado a Madrid. 그가 마드리드에 도착했다고 그들은 말했다.	-Pensé que ya habría llegado a Madrid. 그가 마드리드에 도착했을 거라고 나는 생각했다.

Ejercicios

연습문제

01 주어진 예와 같이 문장을 바꾸시오.

Había 500 personas en la plaza. (광장에는 500명이 있었다.)
→ Habría 500 personas en la plaza.
(광장에는 500명 정도 있었을 거다.)

(1) Ayer él estaba en casa. (어제 그는 집에 있었다.)

→ ______________________________

(2) Eran las siete cuando vino. (그가 왔을 때는 7시였다.)

→ ______________________________

(3) Ella entonces tenía veinte años. (그녀는 당시 20세였다.)

→ ______________________________

02 주어진 예와 같이 문장을 바꾸시오.

Ella dice que saldrá pronto. (그녀는 곧 떠날 거라고 말한다.)
→ Ella dijo que saldría pronto. (그녀는 곧 떠날 거라고 말했다.)

(1) Creo que llegarán esta noche.
(나는 그들이 오늘 밤 도착할 거라 믿는다.)
→ Creía que ______________________________

(2) Me promete que me comprará un coche.
(나에게 차를 사줄 거라 약속한다.)
→ Me prometió que ______________________________

(3) Me dice que lo hará en seguida.
(그는 즉시 그것을 하겠다고 말한다.)
→ Me dijo que ______________________________

03 주어진 예와 같이 가능완료 시제의 문장으로 바꾸시오.

Creía que habían llegado. (나는 그들이 도착했다고 생각했다.)
→ Creía que habrían llegado. (나는 그들이 도착했을 거라 생각했다.)

(1) Pensaba que se había marchado. (나는 그가 떠났다고 생각했었다.)

→ ______________________________

(2) Creía que lo habían terminado. (나는 그들이 그것을 마쳤다고 생각했었다.)

→ ______________________________

정답

01 (1) Ayer él estaría en casa. (2) Serían las siete cuando vino.
(3) Ella entonces tendría 20 años.
02 (1) llegarían esta noche. (2) que me compraría un coche.
(3) lo haría en seguida.
03 (1) Pensaba que se habría marchado.
(2) Creía que lo habrían terminado.

Track 24

Lección 24

Si me tocara la lotería

José: María, ¿sabes lo de Alfonso?

María: ¿Qué le ha pasado?

José: Le ha tocado el Gordo, y ha ganado millones de euros.

María: ¿De veras? ¡Ojalá me tocara a mí!

José: La semana pasada quería comprar una lotería.

María: ¿Por qué no la compraste?

José: No llevaba bastante dinero.
Si hubiera tenido dinero, la habría comprado.

María: Si me tocara el Gordo, compraría un coche deportivo.

José: Yo que tú, daría una vuelta al mundo.

내가 복권에 당첨된다면

제24과

호세: 마리아, 알폰소의 일을 알아?

마리아: 그에게 무슨 일이 있었는데?

호세: 그가 복권 1등에 당첨되어 수백만 유로를 받았어.

마리아: 정말이야? 나도 복권이 당첨되면 좋을 텐데!

호세: 나도 지난주 복권을 사려고 했는데.

마리아: 왜 사지 않았어?

호세: 돈을 충분히 갖고 있지 않았어.
돈을 갖고 있었으면 복권을 샀을 텐데.

마리아: 복권 일등에 당첨되면 스포츠카를 살 텐데.

호세: 내가 너라면 세계여행을 할 거야.

If I won the lottery

Jose: Maria. Do you know what happened to Alfonso?

Maria: What happened to him?

Jose: He has hit the jackpot, so he got millions of euros.

Maria: Seriously? I wish I could win that prize too.

Jose: Last week I tried to buy the lottery.

Maria: Why didn't you buy it?

Jose: I didn't have enough money.
If I had money, I would have bought it.

Maria: If I hit the jackpot, I would buy a sports car.

Jose: If I were you, I would go around the world.

어휘와 표현

- si 만약에 (if)
- tocara tocar의 접속법 과거
- lotería [여] 복권
- lo de Alfonso 알폰소의 일
- gordo [남] 복권 일등
- ganar 벌다, 받다
- premio [남] 상
- millón [남] 백만
- ¿De veras? 정말로?
- ¡Ojalá! 제발!
- la semana pasada 지난주
- llevar 갖고 있다
- hubiera tenido tener의 접속법 과거완료
- habría comprado comprar의 가능완료
- coche deportivo [남] 스포츠카
- yo que tú 내가 너라면
- vuelta al mundo 세계일주

Gramática 문법

1 접속법 불완료 과거

01 | 접속법 불완료 과거의 동사변화

hablar	comer	vivir
habl**ara**	com**iera**	viv**iera**
habl**aras**	com**ieras**	viv**ieras**
habl**ara**	com**iera**	viv**iera**
habl**áramos**	com**iéramos**	viv**iéramos**
habl**arais**	com**ierais**	viv**ierais**
habl**aran**	com**ieran**	viv**ieran**

hablar	comer	vivir
habl**ase**	com**iese**	viv**iese**
habl**ases**	com**ieses**	viv**ieses**
habl**ase**	com**iese**	viv**iese**
habl**ásemos**	com**iésemos**	viv**iésemos**
habl**aseis**	com**ieseis**	viv**ieseis**
habl**asen**	com**iesen**	viv**iesen**

02 | 접속법 불완료 과거의 용법

① 명사절

ex yo quería que cantaras. 나는 네가 노래하기를 원했었다.

② 형용사절

ex Buscaba un hombre que hablara inglés.
나는 영어를 할 줄 아는 사람을 찾고 있었다.

③ 부사절

ex Ella quería salir aunque lloviera.

그녀는 비록 비가 오더라도 나가기를 원했다.

2 접속법 현재완료

01 | 접속법 현재완료의 형태: [haber의 접속법 현재 + 과거분사]

단수		복수	
haya	+과거분사	hayamos	+과거분사
hayas		hayáis	
haya		hayan	

02 | 접속법 현재완료의 용법

ex No creo que José haya llegado.

나는 호세가 도착했으리라고는 믿지 않는다.

Es dudoso que haya llegado a tiempo.

그가 제 시간에 도착했다는 것은 의심스럽다.

3 접속법 과거완료

01 | 접속법 과거완료의 형태: [접속법 과거 + 과거분사]

단수		복수	
hubiera	+과거분사	hubiéramos	+과거분사
hubieras		hubierais	
hubiera		hubieran	

02 | 접속법 과거완료의 용법

ex

No creí que hubiera llegado.

나는 그가 도착했으리라고 생각하지 않았다.

No pensaba que hubieran ganado el premio.

나는 그들이 상을 탔다는 것을 (탔으리라고는) 생각하지 않았다.

4 가정문

ex

Si tengo dinero, lo compraré.

내가 돈을 갖고 있으면, 그것을 사겠다.

Si yo tuviera dinero, lo compraría.

만약 내가 돈을 갖고 있다면, 그것을 살 텐데.

Si yo hubiera tenido dinero, lo habría comprado.

만약 내가 돈을 갖고 있었더라면, 그것을 샀을 텐데.

yo que tú no iría. (=Si yo fuera tú, no iría.)

내가 너라면, 가지 않을 텐데.

Yo en tu lugar no iría.

(=Si yo estuviera en tu lugar, no iría.)

내가 네 입장이라면, 가지 않을 텐데.

Ejercicios 연습문제

01 주어진 동사의 올바른 형태를 만드시오.

(1) No es cierto que ellos ___________(construir) este edificio.
(그들이 이 건물을 지었다는 것은 확실하지 않다.)

(2) Yo dudé que este niño ya ___________(leer) este libro.
(나는 이 아이가 이 책을 읽었다는 것을 의심했다.)

(3) Si tú ___________(llegar) a tiempo, ella habría salido contigo.
(네가 제 시간에 도착했으면 그녀가 너와 함께 떠났을 텐데.)

(4) Ella quería salir aunque ___________(llover).
(비록 비가 오더라도 출발하려 했다.)

(5) Quería que tú ___________(estudiar) mucho.
(나는 네가 열심히 공부하기를 원했었다.)

(6) Si no ___________(llover), iríamos a la playa.
(비가 오지 않으면 해변에 갈 텐데.)

(7) Si ella ___________(ser) inteligente, no lo haría.
(그녀가 현명하다면 그것을 하지 않을 텐데.)

(8) Buscaba una casa que ___________(tener) mucho sol.
(나는 햇빛이 잘 드는 집을 구하고 있었다.)

02 다음 문장을 우리말로 옮기시오.

(1) Elena niega que lo hayan hecho.

(2) Es dudoso que ella haya llegado a tiempo.

(3) Buscaba un hombre que hablara inglés.

(4) No creí que él fuera japonés.

정답

01 (1) hayan construido (2) hubiera leído (3) hubieras llegado
(4) lloviera (5) estudiaras (6) lloviera (7) fuese (8) tuviera

02 (1) 엘레나는 그들이 그것을 했다는 것을 부정한다.
(2) 그녀가 제 시간에 도착했다는 것은 의심스럽다.
(3) 나는 영어를 할 줄 아는 남자를 찾고 있었다.
(4) 나는 그가 일본인이라고는 믿지 않았다.

스페인의 '뚱보' 복권 El Gordo

스페인에는 세계 최고로 인정받는 프로축구 리그가 있다. 스페인에 잘 알려지지 않은 또 하나의 세계 최고가 있는데, 그것은 바로 복권(lotería)이다. 스페인에서는 복권을 사기 위해 줄을 서서 기다리는 사람들을 길거리 어디에서나 볼 수가 있다. 남녀노소 모두가 복권 사는 것을 즐기며, 복권은 그들의 삶과 문화의 한부분이며, 스페인의 다양한 복권 광고에서도 그것을 알 수가 있다.

스페인에는 여러 종류의 복권이 있다. 그중에서 크리스마스 시즌에 맞춰 발행되는 스페인의 '엘고르도(El Gordo)'는 세계 최대의 상금으로 유명하다. 실제로 2007년 12월, '엘고르도'는 올해 22억 유로, 한화로 환산하면 2조 9000억 원의 초대박 로또 잭팟을 터뜨렸다. 세계 최대 상금으로 유명한 '엘고르도 복권'은 최대한 많은 사람에게 행운을 안겨주는 복권으로 2007년에 1등 당첨자가 총 185명이며 각각 300만 유로(40억6200만 원)의 상금을 받게 되었다.

gordo는 '뚱뚱하다'를 의미하기 때문에, 일명 '뚱보 복권'으로 알려진 엘고르도는 스페인 국민 4명 중 3명이 살 정도로 인기를 구가하고 있는 복권으로, 인터넷 구매도 가능해 매년 아시아, 유럽, 미국 등 전 세계 사람들의 구입요청이 쇄도하고 있다고 한다.

:: 부록: 필수 표현

1 인사하기

¡Hola!	안녕! Hello. / Hi.
Buenos días.	안녕하십니까. (오전) Good morning.
Buenas tardes.	안녕하십니까. (오후) Good afternoon.
Buenas noches.	안녕하십니까. (밤) Good night.
¿Cómo está?	안녕하세요? How are you?
Estoy bien, gracias.	잘 지냅니다. I'm fine, thank you.
¿Qué tal tu familia?	가족은 안녕하세요? How is your family?
Mucho gusto.	만나서 반갑습니다. Nice to meet you.
Encantado.[남]/Encantada.[여]	만나서 반갑습니다. Nice to meet you.
Hasta luego.	나중에 또 봅시다. See you later.

Hasta mañana.	내일 만납시다. See you tomorrow.
Hasta el domingo.	일요일에 만나요. See you on Sunday.
¡Adiós!	안녕(히)! Good bye.
Que le vaya bien.	잘 지내세요. Take care.
¡Que pase un buen día!	좋은 하루 보내세요! Have a nice day!
¡Buen viaje!	즐거운 여행이 되기 바랍니다. Have a nice trip.
¡Felicidades!	축하합니다! Congratulations!
¡Feliz cumpleaños!	생일 축하합니다. Happy birthday!
¡Feliz Navidad!	메리크리스마스! Merry Christmas!
¡Feliz año nuevo!	새해 복 많이 받으세요. Happy new year!

2 소개하기

¿De dónde es usted?	어디서 오셨습니까? Where are you from?
Soy de Corea.	저는 한국에서 왔습니다. I'm from Korea.

Soy de Seúl.
저는 서울 출신입니다.
I'm from Seoul.

¿Cómo se llama?
성함이 어떻게 되십니까?
What's your name?

Me llamo Mansu Kim.
제 이름은 김만수입니다.
My name is Mansu Kim.

Tengo veinte años.
저는 20세입니다.
I'm twenty years old.

Estoy de viaje.
저는 여행 중입니다.
I'm traveling.

Soy estudiante.
저는 학생입니다.
I'm a student.

Soy abogado.
저는 변호사입니다.
I'm a lawyer.

Soy médico.
저는 의사입니다.
I'm a doctor.

Soy profesor de español.
저는 스페인어 선생님입니다.
I am a Spanish teacher.

Soy profesor de inglés.
저는 영어 선생님입니다.
I am an English teacher.

3 묻고 대답하기

Sí.
네.
Yes.

Sí. / Sí, eso es.
네. /네, 그렇습니다.
Yes, it is.

Entiendo.	알겠습니다. I see.
No.	아닙니다. No.
¿Cómo? / ¿Perdón?	뭐라고 하셨지요? Excuse me? / Pardon?
Está bien.	괜찮습니다. (좋습니다.) That's OK.
Eso es.	맞습니다. That's right.
Sí, creo que sí.	네, 그렇게 생각합니다. Yes, I think so.
No, creo que no.	아니오, 그렇게 생각하지 않아요. No, I don't think so.
No, gracias.	아닙니다. 감사합니다. No, thank you.
¿Qué ha dicho?	뭐라고 말씀하셨죠? What did you say?
Repítalo, por favor.	그것을 다시 말씀해주세요. Could you say that again?
Hable más despacio, por favor.	천천히 말씀해주세요. Could you speak more slowly?
Sí, entiendo.	네, 알겠습니다. Yes, I understand.
No sé.	저는 모르겠습니다. I don't know.

¿Me entiende?	제 말을 이해하십니까? Do you get it?
No entiendo.	이해하지 못합니다. I don't understand.
¿Habla usted español?	스페인어 하십니까? Do you speak Spanish?
No hablo español.	스페인어를 못합니다. I don't speak Spanish.
Hablo español un poco.	스페인어를 조금 합니다. I speak Spanish a little bit.
¿Habla usted inglés?	영어 하십니까? Do you speak English?
Hablo inglés un poco.	영어를 조금 합니다. I speak English a little bit.
No entiendo lo que dice.	당신 말을 이해하지 못하겠습니다. I don't understand you.
Escriba aquí, por favor.	여기에 적어주세요. Please write down here.
Apúnteme lo que ha dicho.	말씀하신 것을 적어주세요. Could you write down what you said?

4 양해 구하기

Perdón.	실례합니다. Excuse me.

Lo siento.	미안합니다. I'm sorry.
Un momento, por favor.	잠깐 기다려 주세요. Just a moment, please.
¿Puedo pedirle un favor?	부탁을 하나 드려도 될까요? Could you do me a favor?
¿Puedo entrar?	들어가도 될까요? May I come in?
¿Puedo sentarme aquí?	여기 앉아도 될까요? May I sit here?
¿Puedo usar el teléfono?	전화를 사용해도 될까요? May I use the phone?
¿Puedo ir con usted?	당신과 함께 가도 될까요? Can I go with you?
¿Puedo fumar?	담배를 피워도 될까요? May I smoke?
¿Puedo abrir la ventana?	창문을 열어도 될까요? Would you mind opening the window?
¿Puedo sacar una foto?	사진을 찍어도 될까요? Can I take a picture?
¿Puedo quitarme la chaqueta?	재킷을 벗어도 될까요? Can I take off my jacket?

5 부탁하기

Por favor.	부탁합니다. Please.
La cuenta, por favor.	계산서 좀 주세요. Check(Bill), please.
El recibo, por favor.	영수증을 부탁합니다. Receipt, please.
Agua, por favor.	물 좀 주세요. Water, please.
Un billete para Sevilla, por favor.	세비야행 표 하나 주세요.. One for Sevilla, please.
¿Podría traerme el periódico?	신문을 갖다 주시겠습니까? Bring me the newspaper, please.
¿Podría mostrarme aquella corbata?	저 넥타이를 보여주시겠습니까? Could you show me that necktie?
Quiero algo de beber.	저는 마실 것이 필요합니다. I want something to drink.
Quiero esto.	저는 이것을 갖고 싶습니다. I'd like this one.
Quiero ver flamenco.	플라멩꼬를 보고 싶습니다. I want to see flamenco.
Quiero comprar esta revista.	저는 이 잡지를 사고 싶습니다. I'd like to buy this magazine.

Quiero tomar alguna bebida fría.

차가운 음료를 마시고 싶습니다.
I'd like to have something cold to drink.

Llame a un policía, por favor.

경찰을 불러주세요.
Please call the police.

Llame la ambulancia, por favor.

앰뷸런스를 불러주세요.
Please call an ambulance.

Venga rápido, por favor.

빨리 와주세요.
Can you come right away?

A esta dirección, por favor.

이 주소로 가주세요. (택시에서)
To this address, please.

6 여러 가지 질문

¿Cuánto cuesta?

얼마입니까?
How much is it?

¿Conoce eso?

그것을 아십니까?
Do you know it?

¿Qué hora es?

몇 시 입니까?
What time is it?

¿Te gusta eso?

그것이 좋습니까?
Do you like it?

¿Dónde está la salida?

출구는 어디 있습니까?
Where is the exit?

¿Dónde estamos?

여기가 어디입니까?
Where am I?

¿Dónde está el teléfono público?	공중전화가 어디 있습니까? Where is a pay phone?
¿Dónde está el servicio?	화장실이 어디에 있습니까? Where is the rest room?
¿Hay algún hotel por aquí?	이 근처에 호텔이 있습니까? Is there any hotel around here?
¿Tiene alguna habitación libre?	빈 방 있습니까? Are there any vacant rooms?
¿A qué hora empieza?	몇 시에 시작합니까? What time does it start?
¿A qué hora termina?	몇 시에 끝납니까? What time does it end?
¿A qué hora se abre?	몇 시에 문을 열어요? What time does it open?
¿A qué hora se cierra?	몇 시에 문을 닫습니까? What time does it close?
¿Están de rebajas?	지금 세일 중입니까? Are you having a sale?
¿A cómo está el cambio de hoy?	오늘의 환율은 얼마입니까? What's the exchange rate today?
¿Dónde se puede aparcar?	어디에 주차할 수 있습니까? Where can I park?

스페인어 첫걸음

초판 1쇄 발행 2011년 8월 30일
초판 2쇄 발행 2013년 11월 30일

지은이 ▪ 유연창
발행인 ▪ 박 철
발행처 ▪ 한국외국어대학교 출판부
130-791 서울시 동대문구 이문로 107
전화 02)2173-2495~7
팩스 02)2173-3363
홈페이지 http://press.hufs.ac.kr
전자우편 press@hufs.ac.kr
출판등록 제6-6호(1969. 4. 30)
디자인 · 편집 ▪ (주)이환디앤비 02)2254-4301
인쇄 · 제본 ▪ SM C&P 02)468-6100

ISBN 978-89-7464-636-3 18770 정가 12,000원(mp3 CD포함)

* 잘못된 책은 교환하여 드립니다.

HU:iNE 은 한국외국어대학교출판부의 어학도서, 사회과학도서, 지역학 도서 Sub Brand이다. 한국외대의 영문명인 HUFS, 현명한 국제전문가 양성(International+Intelligent)의 의미를 담고 있으며, 휴인(携引)의 뜻인 '이끌다, 끌고 나가다'라는 의미처럼 출판계를 이끄는 리더로서, 혁신의 이미지를 담고 있다.